사이공 패망과 내부의 적
-베트남전쟁과 통일전선전술-

사이공 패망과 내부의 적
-베트남전쟁과 통일전선전술-

초판 인쇄 _ 2018년 7월 2일
초판 발행 _ 2018년 7월 6일

편   저 _ 배정호
공동저자 _ 이영종 · 최용호
         Trần Quang Minh
         Dinh Quang Hai
         Pham Hong Thai

펴낸곳 _ 비봉출판사
주   소 _ 서울 금천구 가산디지털2로 98.
         2동 808호 (롯데IT캐슬)
전   화 _ (02) 2082-7444
팩   스 _ (02) 2082-7449
E-mail _ bbongbooks@hanmail.net
등록번호 _ 2007-43 (1980년 5월 23일)
ISBN _ 978-89-376-0471-3 03340

값 15,000원

사이공 패망과 내부의 적
-베트남전쟁과 통일전선전술-

배정호 편저
이영종 · 최용호
Trần Quang Minh
Dinh Quang Hai
Pham Hong Thai

비봉출판사

호치민 루트와 해상보급로

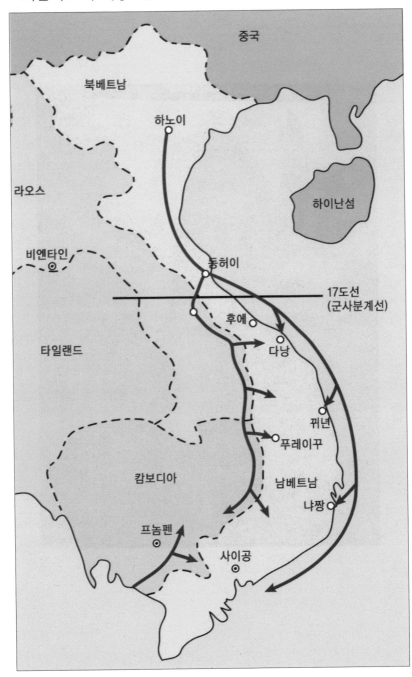

하노이시 호치민박물관에 전시되어 있는 호치민 주석의 동상 / 배정호 제공

하노이시 전쟁기념관에 전시되어 있는 격추된
미군 비행기의 잔해 / 배정호 제공

베트남사회과학원에서 '베트남전쟁과 내부의 적'을
주제로 토의하고 있는 필진들(2017.4.3.).
– 배정호, 이영종, 딘꽝하이, 팜홍하이

베트남사회과학원에서 가진 월맹의 통일전선전술에 관한 토론회(2017.4.4).
– 배정호 전 민주평통 사무처장, 이영종 중앙일보 통일문화연구소장,
호앙치바오 전 베트남사회과학원 원장, 레반쿠옹 전 전략연구원 원장 등.

머 리 말

베트남은 1960년대는 물론, 1970년대 중반까지만 해도 인도차
이나반도의 전쟁국가였다. 즉, 베트남은 게릴라전에서 정규전으
로, 내전에서 국제전으로 확대되는 남북 베트남간의 전쟁을 치루
며 매우 어려운 시기를 보냈던 국가였다.

하지만 오늘날의 베트남은 동남아의 경제강국이고, 성장 잠재
력이 매우 큰 인도차이나반도의 국가이다. 또, 한국과도 경제교
류, 문화교류 인적교류 등이 많은 친근한 국가이다.

공산주의 국가인 베트남민주공화국은 1975년 4월 30일에 베
트남공화국을 무력으로 통일한 뒤, 통합 작업을 거쳐 1976년 7월
2일에 '베트남사회주의공화국(the Republic Socialist Vietnam)'이라는
통일국가로 거듭났다. 이후 베트남은 '도이모이' 정책을 채택하
여 시장경제로 전환하며 개혁·개방을 추구하였고, 오늘날 아세
안의 경제강국으로 발전하고 있다.

그러므로, 베트남은 분단국가의 한국인들에게 여러 측면에서
지적 호기심을 유발하고 관심을 갖게 한다.

오늘날, 아세안의 경제강국인 베트남을 올바르게 이해하는 데

베트남전쟁에 대한 이해는 매우 중요하다. 베트남전쟁은 저자에게는 다음과 같은 기본적인 문제의식을 가지게 하였다.

첫째, 베트남도 한국과 유사하게 일본이 제2차대전에서 패망하면서 해방을 맞이하게 되었으나, 연합군에 의해 북위 16도선을 기준으로 분할되었다. 그 이후 즉시, 베트남민주공화국은 민족해방전쟁, 즉 프랑스를 상대로 제1차 베트남전쟁을 전개하여, 승리하였다. 이어 베트남민주공화국은 국력의 절대적 열세에도 불구하고 세계 최강국 미국과 베트남공화국을 상대로 제2차 베트남전쟁을 치러 평화협정을 체결한 뒤, 제3차 베트남전쟁에서 통일을 이루어내었다. 베트남민주공화국은 어떻게 국력 및 군사력의 열세를 극복하고 두 차례에 걸친 베트남전쟁에서 승리하였는가? 즉, 어떻게 통일을 이룰 수 있었던가?

둘째, 흔히들 제2차, 제3차 베트남전쟁에 대해 통일전선전술의 전쟁이라고 특징을 지우는데, 왜 통일전선전술의 전쟁이라고 특징을 지우는가? 베트남민주공화국은 통일전선전술의 정치전쟁을 어떻게 치렀는가?

셋째, 남베트남의 불교계, 카톨릭계 등 종교계 인사들, 대학생들, 지식인들은 자유·민주 등의 가치를 존중하면서도 베트남공화국의 사이공 정부에 대해 격렬한 반정부 시위와 투쟁을 하였다. 그들은 베트남공화국의 패망 후에 어떤 대우를 받았는가?

넷째, 베트남전쟁은 분단국가의 한국인들에게 어떤 교훈을 주는가? 달리 말해, 한국인들은 한반도 통일과 관련, 베트남전쟁에서 어떤 교훈을 얻을 수 있는가?

이상과 같은 문제의식에 응하여 집필된 것이 바로 이 책 「사이공 패망과 내부의 적 – 베트남전쟁과 통일전선전술」이다. 즉, 이 책은 베트남전쟁에 관해 군사적 측면의 분석을 넘어 정치전략적 측면에서 접근하여 설명을 시도한 책이다.

이 책의 집필에는 본인을 비롯하여 최용호 전쟁과 평화연구소장, 이영종 중앙일보 통일문화연구소장이 참가하였고, 베트남사회과학원의 Trần Quang Minh 동북아연구소장, Pham Hong Thai 동북아연구소 부소장, Dinh Quang Hai 역사연구소 소장 등 베트남 전문가들이 제2장, 제4장, 제5장의 집필을 위한 귀중한 초고 작성에 참여하였다.

또, Hoang Chi Bao 전 베트남사회과학원 원장, Le van Cuong 전 전략연구원장, Le The Mau 군사전략연구원 연구위원, Le van Sang 아시아태평양 저널 편집장은 베트남사회과학원에서 개최된 「베트남전쟁과 정치전략에 관한 집중토론회」에 참가하여 이 책의 질적 완성도를 높일 수 있는 소중한 설명들을 해주었다.

이 책은 한국-베트남 전문가들의 공동 작품이다. 이 책의 편저자로서 베트남 전문가들에게 감사를 드린다. 베트남사회과학원 전문가들의 관련 내용에 관한 초고 작업이 없었다면 이 책의 출간은 불가능하였을 것이다. 감사를 드린다.

아울러 편저자로서 집필과정에서 한국-베트남의 전문가들의 연락과 소통을 도와준 베트남사회과학원 동북아연구소의 Nguyen Ngoc Mai 연구원, 이 책의 출간을 위해 제2장, 제4장, 제5장의 초벌 번역을 맡아준 한국외국어대학교 베트남어과의 Ho Long An 겸임교수에게도 감사를 드린다.

그리고 이 책의 편저자로서 이 책이 한국의 독자들이 통일전선전술의 정치전쟁의 관점에서 베트남전쟁을 이해하는 데 유효하게 기여하고, 나아가 자유민주주의체제 수호와 자유평화통일을 위한 한국 국민들의 역량 증강에 기여하였으면 하는 바람이다.

끝으로 멋진 단행본으로 출간되게 해주신 비봉출판사의 박기봉 대표님과 문현영씨 등 관계자분들에게도 감사를 드린다.

배 정 호

일러두기

독자들이 본서를 읽는 데 연령층이나 세대에 따라서 생소한 표현들이 있다. 또, 동일한 의미이지만, 내용의 흐름에 따라 다른 표현으로 기술되는 용어들이 있다.

다음과 같은 용어들에 대해 미리 이해를 해두면 이 책을 읽는 데 편리하다.

1. '베트남민주공화국', '월맹', '북베트남'은 동의어

'베트남민주공화국(the Democratic Repu blic of Viet Nam)은 베트남의 북부지역에서 1945년 9월 2일에 수립되는데, 내용의 전개에 따라서 '월맹', '북베트남'으로 표현되기도 한다. 즉, 이 책에서 내용의 특성에 따라 '베트남민주공화국', '월맹', '북베트남'으로 다르게 표현되지만, 동일한 의미의 표현이다.

2. '베트남공화국', '월남', '남베트남'은 동의어

베트남은 제네바 휴전협정(1954.7.21)의 체결에 따라 북위 17도선을 군사경계선으로 분단이 되고, 이후 남베트남 지역에서는 미국의 후원 아래 '베트남공화국(Republic of Vietnam)이 1955년 10월 26일에 수립되었다. 이 책에서 내용의 특성에 따라 '베트남공

화국', '월남', '남베트남'으로 다르게 표현되는데 동일한 의미의
표현이다.

3. 베트콩(Viet Cong)

베트콩(Viet Cong)은 일반적으로 남베트남 지역에서 '베트남 공
산주의자(Viet Nam Cong san: Viet Nam Communist, 越共)'를 의미하
며, VC로 약칭된다. 구체적으로는 남베트남 '민족해방전선(Nation
Liberation Front, NLF)'의 무장 조직인 '남베트남 인민해방군'을 의
미한다. 즉, 남베트남 인민해방군이 베트콩으로 널리 알려져 있
는데, 베트콩은 베트남공화국이나 미군 측에서 남베트남 인민해
방군을 비하한 통칭이다.

4. 남베트남 민족해방전선(NLF)

'남베트남 민족해방전선(Nation Liberation Front, NLF)'은 베트남
노동당 중앙위원회의 결정에 따라 1960년 12월 20일, 사이공 서
북방 캄보디아 국경 부근의 정글 지역에서 '미국 제국주의의 앞
잡이 응오 딘 지엠 정권의 타도'를 목표로 하여 결성되었다. 즉,
남베트남 민족해방전선(NLF)은 응오 딘 지엠 정권에 비판적이고
반대하는 모든 계층, 정파, 종파, 사회단체 등을 망라한 민족주의
성향의 연합단체로 결성된 통일전선조직이다.

5. 남베트남중앙국(COSVN)

남베트남중앙국은 남베트남 민족해방전선(NLF)의 결성 직후
인 1961년 10월에 남베트남 지역의 공산화 혁명투쟁을 지휘하기

위하여 설립되었다. 베트남민주공화국의 노동당(나중에 공산당으로 개명)은 남베트남중앙국에 지도원을 파견하여 남베트남 중앙국을 운용하며 남베트남 민족해방전선의 활동, 베트콩의 무장투쟁 등을 지휘하였다.

6. 남베트남공화국 임시혁명정부(PRG)

남베트남 민족해방전선(NLF)의 주도 아래 민족평화연합, 민족민주연합전선 등은 자신들이 장악하고 있는 지역, 소위 '해방구'에서 국가에 준하는 행정체제를 구축하기 위해 1969년 6월에 국민대표대회를 개최하고 '남베트남공화국 임시혁명정부(Provisional Revolutionary Government, PRG)'를 수립하였다. 남베트남공화국 임시혁명정부는 국제사회에서 남베트남 지역의 정치세력으로 인정받았고, 베트남민주공화국과 함께 전쟁 당사자로 파리평화협정의 체결에 참가하였다.

7. 통일전선전술

통일전선전술은 1921년 6월 제3차 코민테른 대회에서 레닌에 의해 제시되었다. 각국의 공산 진영은 자신의 세력이 취약할 때, 자신의 정체를 숨기고 세력의 규합과 확장을 위해 연대전술을 전개하였는데, 이 위장된 연대전술이 바로 통일전선전술이다. 통일전선전술의 핵심은 각 전략목표를 달성하기 위해 이해관계를 같이 하기만 한다면, 때로는 이념적 적대세력까지도, 수용하는 광범위한 연대전술이다.

목 차

사이공 패망과
내부의 적

목 차

서장 베트남전쟁의 교훈

배정호

1. 지도자의 리더십과 구심력의 중요성

현대전쟁사에서 베트남전쟁은 베트남민주공화국이 상대적으로 국력과 군사력이 월등히 강했던 세계 최강의 미군과 연합군, 베트남공화국을 상대로 싸워 승리한 전쟁으로 평가되고 있다. 이와 같은 승리의 주요 요인으로 지도자의 리더십과 구심력 강화를 지적할 수 있다. 즉, 베트남민주공화국의 지도자 호치민의 리더십을 지적할 수 있다.

오늘날 베트남 사회에서 호치민은 '조국의 독립을 위해 일생을 바친 지도자'로 평가되고 있다. 호치민은 민족주의를 기반으로 한 공산주의자였는데, 대부분의 베트남 사람들이 '호 아저씨(Bac Ho)'라고 친근하게 부를 수 있는 대중 친화적이며 청렴결백

한 인물이었다.

조국에 헌신적인 호치민의 리더십 덕분으로 북베트남은 프랑스, 일본, 미국 등 외세의 강한 원심력이 작용해도 구심력을 강화시켜 나갔다. 그리고 강화된 구심력을 기반으로 군과 민이 하나가 되어 전쟁을 승리로 이끌어 나갔다. 반면, 남베트남 지역, 즉 베트남공화국의 응오 딘 지엠(Ngo Dinh Diem) 정권은 독재와 부정부패, 경제정책의 실패, 종교차별 등으로 구심체 역할은 고사하고 국론을 분열시키며 적지 않은 국민들로부터 외면을 받기 시작하였다. 남베트남 사회는 경찰력에 의존한 강권정치, 반정부 시위, 불교계의 저항운동, 농민봉기 등으로 인해 혼란 상황이 점점 심화되어 갔다.

이후에도 베트남공화국의 지도자의 리더십은 취약하였다. 자유민주주의 국가인 베트남공화국 사회의 구심력은 점점 약화되어 갔고 농민, 도시노동자, 지식인, 승려들은 베트남노동당의 통일전선전술의 대상이 되어 갔다. 이들의 반정부 시위, 민중봉기 등은 베트남공화국으로 하여금 패망의 길로 들어서게 하였다.

이처럼 북베트남의 베트남민주공화국이 호치민의 지도 아래 안정적이며 국민 결집과 사기 진작을 이루고 있는데 비해, 남베트남의 베트남공화국은 취약한 리더십에 의해 심각한 국민 분열과 더불어 정치사회적 불안이 심화되어 갔다.

남베트남에서 국민들의 존경을 받는 '애국적인 자유민주주의 지도자'가 존재하였다면 베트남전쟁의 결과는 다르게 나타날 수 있었고, 베트남공화국도 다른 운명을 맞이할 수 있었을 것이다. 베트남전쟁의 주요 교훈은 지도자의 리더십과 구심력의 중요성을 새삼 깨닫게 한다.

2. 국민 통합과 국론 결집의 중요성

국민 통합과 국론 결집은 국가의 구심력을 강화시키며 국정운영의 추동력을 증강시켜 주기 때문에 매우 중요하다. 특히 전시(戰時) 상황이나 무력 대치의 상황일 경우, 국민 통합과 국론 결집은 더욱 중요하다.

베트남전쟁의 사례는 국민 통합과 국론 결집의 중요성을 단적으로 보여준다. 베트남민주공화국에 비해 베트남공화국은 리더십의 부재, 반정부 시위, 농민봉기, 부정부패 등으로 구심력이 점점 약화되어 갔고, 국민분열 및 국론분열이 심화되어 갔다.

베트남공화국의 국민분열 및 국론분열에 따른 정치적 불안정, 민심 이반 등은 베트남전쟁의 패배에 적지 않은 영향을 미쳤다고 볼 수 있는데, 구체적으로는 다음과 같이 지적할 수 있다.

첫째, 민심 이반에 따른 구심력의 약화가 자유민주주의체제에 대한 수호 의지의 약화 등을 초래할 때, 그 사회는 공산주의자들의 통일전선전술의 대상이 되기 쉽고, 민족주의 정서의 선동적 호소에도 유혹되기 쉽다. 남베트남의 경우, 1960년 12월에 결성된 남베트남 민족해방전선, 또 1960년대 중후반에 형성된 '제3세력' 등은 민족주의를 표방하는 연대세력이었지만, 베트남노동당의 통일전선전술이 침투되어 있는 연대세력이었다. 따라서 이들 세력의 정치적 활동은 민족주의를 내세우며 통일전선조직의 확대를 추구하였고, 국론 분열과 민심 이반의 심화를 통하여 베트남공화국 친미반공 정권의 타도를 겨냥하였다. 왜냐하면, 친미반공주의 정권의 붕괴는 베트남전쟁의 승리와 베트남공화국의 패망으로 직접 연결될 수 있기 때문이었다. 실제로, 응오옌 반 티에우 정권의 붕괴는 베트남전쟁의 패배 및 베트남공화국의 패망으로 직결되었다.

둘째, 정치적 불안정, 부정부패 등에 의한 민심 이반 등은 남베트남 사회의 심각한 분열을 초래했을 뿐 아니라, 군의 사기 저하에 따른 정신전력의 약화에도 상당한 영향을 미쳤다. 1973년 1월 파리평화협정이 체결될 당시, 베트남민주공화국과 베트남공화국의 군사력을 비교해 보면, 베트남공화국이 우세했다. 미군이 철수하면서 당시 화폐로 약 10억 달러 정도의 우수한 장비들을 넘겨 주었기 때문에, 베트남공화국의 객관적 전력(戰力)은 베트남민주공화국보다 우세했다. 그러나 군의 사기 등 정신전력은 북베트남의 베트남민주공화국이 베트남공화국보다 월등하게 강하였고,

전쟁은 베트남민주공화국의 승리로 끝났다. 즉, 베트남전쟁에서 베트남민주공화국의 승리는 강한 구심력에 의한 국민 통합과 국론 결집이 소프트파워(soft power)로서 전략적으로 얼마나 중요한가를 단적으로 시사해 준다.

셋째, 남베트남의 상당수 국민들은 자유민주주의보다 민족주의의 가치를 우선시하였다. 이와 같은 국민들의 성향은 1967~8년에 접어들어 반미평화운동이 남베트남 사회에서 삽시간에 확산되도록 했다. 특히 1968년 1월의 뗏 공세(구정 총공세) 이후, 국제사회에서 반전운동이 확산되면서, 응웬 반 티에우(Nguyen Van Thieu) 정권에 비판적인 제3세력도 반전반미를 지향한 평화운동을 통하여 큰 세력을 형성하기 시작하였다. 제3세력의 반전평화운동은 사회분열, 국론분열 등을 한층 심화시키면서, 미군들이 남베트남에서 철수하는 데 촉진제 역할을 하였고, 결과적으로 베트남공산당의 부주석인 응웬 티 빈(Nguyen Thi Binh)이 인정한 바와 같이, 베트남공화국을 패망에 이르게 하는 데 기여하였다.

3. 통일전선전술과 베트남공화국의 내부붕괴

통일전선전술은 1921년 6월 제3차 코민테른 대회에서 레닌에 의해 제시되었다. 각국의 공산 진영은 자신의 세력이 취약할 때, 자신의 정체를 숨기고 세력 규합과 확장을 위해 연대전술을 전개하였는데, 이 위장된 연대전술이 바로 통일전선전술이다.

통일전선전술의 핵심은 각 전략목표를 달성하기 위해 이해관계를 같이 하기만 한다면, 때로는 이념적 적대세력까지도 수용하는 광범위한 연대전술이다. 중국의 국공합작, 베트남전쟁 등은 통일전선전술이 성공적으로 활용된 대표적 사례이다.

베트남의 경우, 외세와의 독립전쟁을 표방한 제1차 베트남전쟁(抗佛獨立戰爭)과 통일전쟁을 표방한 제2차 베트남전쟁(抗美民族解放戰爭)에서 공산주의 세력은 통일전선전술을 적극적으로 전개하였다.

제1차 베트남전쟁의 통일전선전술은 전형적으로 세력이 열세인 공산주의 세력이 민족주의 진영과 연대한 전술이다. 프랑스의 식민지 지배 아래, 베트남인들은 프랑스에 대해 끊임없이 항거하며 저항하였기 때문에 이념적으로 민족주의 성향이 매우 강하였다. 즉, 베트남 공산주의 세력이 '사회주의'나 '공산주의' 등의 이념을 내걸고 대중혁명을 전개하기에는 아직 시기상조였다. 따라서 베트남 공산주의 세력은 외세인 프랑스를 '공동의 적'으로 간주하고 민족주의 이름으로 저항세력을 규합하며 세력의 확장을 도모하였다. 베트남의 공산주의 세력은 먼저 '외세 프랑스를 타도한다'는 명분을 내걸고 다양한 민족주의 세력과 광범위한 연대를 꾀한 뒤, 각계 각층에 침투하여 공산혁명세력을 포섭하며 세력을 증강시켜 갔다.

그리고 제네바협정(1954.7.20)에 의해 제1차 베트남전쟁이 막을 내리고, 북위 17도를 기준으로 남북으로 베트남이 분단되자, 북베트남의 공산주의 세력은 남베트남 지역으로 세력 확장을 추구하였다. 남베트남 지역에서 농민봉기, 반정부 시위 등으로 인해 민심이 이반되는 정치사회적 상황이 나타나자, 베트남노동당의 지도부와 남베트남의 공산주의자들은 통일전선전술에 따라 '친미적인 옹오 딘 지엠 정권의 타도'를 '공동의 목표'로 내걸고 다양한 정파, 종교단체, 사회단체 등과 연대를 추구하였다. 즉, 베트남노동당의 지도부와 남베트남의 공산주의자들은 공동의 목표 아래 다양한 정치사회적 세력과의 연대를 통하여 1960년 12월에 남베트남 민족해방전선(NLF)을 결성하였다.

남베트남 민족해방전선은 제2차 베트남전쟁이 본격화되면서, 베트남노동당의 지도를 받으며 공산화 통일을 위한 투쟁을 적극적으로 전개하였다. 남베트남 민족해방전선은 이념적으로 공산주의자들이 아닌 대학생, 지식인들, 종교계 인사들의 반정부 시위 등을 막후에서 연출하며, 남베트남 사회의 정치적, 사회적 불안이 한층 증폭되도록 투쟁활동을 전개하였다. 즉, 남베트남 민족해방전선은 통일전선전술에 따라 자신들의 정체를 숨긴 채, 베트남공화국의 정부에 비판적인 종교계 인사, 대학생, 지식인들이 반정부 운동 및 투쟁을 활발하게 전개하도록 막후에서 부추기며 베트남공화국정부의 고립화와 타도를 위해 정치공작을 전개하였다.

그 결과 적지 않은 종교계 인사, 대학생, 지식인들이 베트남노동당의 지도부와 남베트남 민족해방전선이 배후세력으로 작용하고 있는 것을 의식하지 못한 채 '자유, 평화' 등을 외치며 반정부 시위 등 정권 타도를 위한 투쟁을 전개하였다. 베트남공화국 응웬 반 티에우 정권의 고립화 및 타도를 위한 정치투쟁은 파리평화협정(1973.1.)으로 남베트남에 주둔하고 있던 미군이 철수한 뒤, 한층 전향적으로 전개되었는데, 응웬 반 티에우 정권은 내부 균열, 국론 분열, 내부의 적과 정치적 고립화 등으로 마침내 무너지고, 베트남공화국은 지구상에서 사라졌다.

그러므로 베트남전쟁에서 '총성없는 정치전쟁'이 얼마나 위험하고 중요한가를 알 수 있는데, 베트남전쟁에서 다음과 교훈을 새겨 볼 수 있다.

첫째, 군사력 등 국력에서 열세에 있었던 북베트남의 베트남민주공화국과 남베트남 민족해방전선이 베트남전쟁에서 승리할 수 있었던 핵심 요인은 통일전선전술에 의한 '정치전쟁'에서 승리하였기 때문이다. 공산주의 세력이 '비공산·민주주의·민족주의' 세력들과 연대를 통해 전개한 반정부 투쟁은 베트남공화국 정부를 고립화시켰는데, 이는 정부의 정책 추동력의 취약과 전쟁 수행 능력의 약화로 직결되었다. 즉, 통일전선전술에 의한 공산주의자들의 '정치전쟁'의 결과, 베트남공화국은 내부적으로 격렬한 정치 저항과 투쟁에 부딪히어 통치능력 및 전쟁수행 능력을 상실해 갔고 내부로부터 무너지기 시작하였다.

둘째, 베트남노동당의 지도부와 남베트남 민족해방전선의 정
치공작에 의한 베트남공화국의 내부 균열과 국론분열, 갈등의 심
화와 정치사회적 불안, 반정부 투쟁의 격화와 정권의 고립화 등
은 전쟁의 승리에 대한 불확실성을 증대시키면서 패배의 가능성
에 대한 전망이 점점 확산되도록 하였다. 이는 리더십 부재의 베
트남공화국에서 경찰·군대 등 주요 행정부서 내의 고위 인사들
이 공산주의자들에게 동조할 수 있는 정치적 환경으로도 작용하
였다. 즉, 베트남공화국은 공산주의자들이 통일전선전술의 '정치
전쟁'에 의해 내부로부터 균열을 일으키며 붕괴되기 시작하였다.

4. 파리평화협정과 미군 철수 그리고
베트남공화국의 패망

잠재적 적국이 존재하는 냉엄한 국제사회에서, 또 군사력을
중심으로 상호 대치하는 엄중한 상황에서, 평화의 확보는 대체로
'힘의 우위'를 기반으로 할 때 가능하다. 즉, 힘이 열세이거나 비
대칭일 경우, 대화나 협상을 통한 평화의 추구는 매우 허약하며
한계가 있다.

베트남전쟁은 국력 및 군사력이 받쳐 주지 않는 상황에서 평
화협정에 의한 평화 확보의 한계를 단적으로 나타내 준다. 베트
남공화국은 평화협정의 체결에 강력하게 반대하였지만, 평화협
정은 미국과 베트남민주공화국의 전략적 이해관계가 상응하면서

비밀협상에 의해 성사되었다.

파리평화협정과 관련, 미국과 베트남민주공화국의 전략적 이해관계를 살펴보면 다음과 같다.

미국은 (1) 반정부 시위, 부정부패 등에 의한 베트남공화국의 정치사회적 분열과 정권의 통치능력 취약, (2) 베트남공화국 군대의 사기 저하 등 정신전력의 약화와 '자유주의체제 수호'에 대한 투혼의 빈약, (3) 미국 국내에 확산되는 베트남전쟁에 대한 반대여론, (4) 베트남민주공화국 군대와 베트콩의 게릴라전에 의한 미국의 전쟁 피로감, (5) 반전평화운동의 확산과 베트남전쟁의 승리에 대한 비관적인 판단 등으로 인해 베트남전쟁의 종식을 위한 수단으로 평화협정을 추구하게 되었다. 즉, 미국은 승리의 가능성이 매우 약한 베트남전쟁으로부터 탈출하는 한편, 다른 한편에서는 공산주의자들로부터 베트남공화국을 지키기 위한 수단으로 평화협정을 선택하였다.

그리고 베트남민주공화국의 지도부는 미군이 남베트남에 주둔하고 있는 한 전쟁에서 결코 이길 수 없다는 전략적 판단을 하고 있는 상황에서, 하노이 등 북위 17도 이북의 북베트남 지역이 미국 공군의 맹폭격을 당하게 됨에 따라 위기의식을 느끼며 부득불 평화협정을 선택하게 되었다. 즉, 위기상황에 처한 베트남민주공화국의 지도부가 (1) 북베트남의 주요 지역에 대한 미국 공군의 맹폭격을 피하고, (2) 베트남전쟁의 승리를 위해 미군을 베트남에서 철수시키려는 전략적 목적에서 평화협정을 선택한 것이다.

이처럼 미국과 베트남민주공화국의 전략적 이해관계가 상응하면서 평화협정을 위한 회담이 비밀리에 진행되었으며, 마침내 베트남공화국 정부의 거센 저항에도 불구하고, 평화협정은 1973년 1월 파리에서 체결되었다.

파리평화협정의 체결로 베트남 주둔 미군을 비롯한 외국군은 모두 철수하였다. 그로 인해 베트남공화국의 안보는 한층 취약해졌으며, 남베트남 사회의 반정부 시위 등 정치사회적 불안은 더욱 심해졌다. 게다가 파리평화협정의 체결에도 불구하고 남베트남에서는 베트남공화국의 정부군과 베트콩 사이의 국지전은 여전히 계속되었다.

미국의 키신저 대통령 안보보좌관이 파리평화협정의 준수를 위해 '평화협정의 국제관리감시위원회'의 캐나다, 이란, 헝가리, 폴란드 4국도 서명에 참여하도록 하고, 영국·프랑스·소련·중국 등 강대국도 보증하는 형태를 취했지만, 남베트남 지역에서 국지전은 한층 치열하게 지속되었고, 특히 베트남민주공화국 지도부의 전략적 결정에 따라 미국의 지원이 없는 베트남공화국의 전력을 시험하기 위한 공격이 전개되었다.

1974년 12월, 베트남민주공화국의 공격 앞에 베트남공화국의 2개 사단이 너무나 무기력하게 무너지자, 베트남민주공화국의 지도부는 베트남통일전쟁의 승리를 확신하며 총공격을 가하기 시작했다. 마침내 베트남공화국은 1975년 4월 30일에 항복하였다. 1973년 1월 28일에 평화협정이 체결된 이후, 약 2년 2개월 정도 지나서 베트남공화국은 패망한 것이다.

베트남전쟁은 '힘의 우위'를 기반으로 하지 않고 평화협정에만 의지하여 평화를 추구할 경우, 결코 공산주의자로부터 결코 평화를 지킬 수 없다는 교훈을 준다.

5. 내부의 적과 정보기관의 중요성

안보에 있어서는 창과 방패가 동시에 중요하다. 특히 어느 한쪽만 취약하여도 안보는 한 순간에 무너질 수 있다. 베트남전쟁이 대표적인 사례이다.

베트남전쟁의 경우, 베트남공화국의 객관적 전력은 군대의 인원, 무기, 장비 등에서 베트남민주공화국보다 월등히 우위에 있었으나 전쟁에서는 패배하였다. 즉, 베트남공화국은 전력 우위의 창은 가지고 있었지만, 방패는 베트남민주공화국에 비해 훨씬 열세이었기 때문에 패배하였다.

베트남공화국의 방패는 사회의 만연한 부정부패와 그에 따른 군대의 오염, 군대의 심각한 사기 저하와 정신 전력의 약화, 정치

사회적 갈등과 국론 분열 등으로 매우 취약해졌는데, 이와 같은
방패의 약화는 북베트남의 스파이에 의해 내부의 적이 증가하면
서 한층 심각한 수준으로 악화되었다.

남베트남은 응오 딘 지엠 정권이 불교계의 격렬한 반정부 투
쟁 등의 여파로 군사쿠데타의 의하여 붕괴된 후, 제2차 베트남전
쟁의 와중에도 계속되는 군사쿠데타로 인하여 심각한 정치적 혼
돈의 늪에 빠지게 되는데, 이때 정보기관의 역량이 매우 약화되
었다. 특히 정보기관의 대공분야가 심각한 수준으로 취약해졌다.
이 틈을 타서 베트남민주공화국은 남베트남으로 군대뿐 아니라
스파이들도 적지 않게 침투시켰다. 베트남민주공화국의 스파이
들은 남베트남 사회의 각계각층으로 침투하여 활발하게 인맥을
구축하고 첩보망을 구축하였다.

베트남민주공화국에서 파견되었거나 남베트남에서 베트남민
주공화국의 공작원에 포섭된 대표적 스파이들로서는 베트남전쟁
의 전설적인 스파이 대통령 정치고문 부 응옥 냐를 비롯하여 최
대 스파이 팜 쑤언 언 기자, 대통령 정치보좌관 후잉 반 쫑, 야당
의 대통령 후보 쭝딘쥬, 총참모부의 응웬 휴 하잉 장군, 대통령궁
을 폭격한 공군조종사 응웬 타잉쭝, 사이공의 마지막 경찰청장
찌에우 꾸억 마잉 등이 있다. 이들은 기밀정보의 수집 및 분석은
물론, 사회 분열 조장과 베트남공화국의 친미반공 정권의 고립화
및 붕괴 등에 역점을 두고 전략적으로 활동을 전개하였다.

그러므로, 제3세력 등 반정부 단체의 대표들은 비공산주의자였지만, 실질적으로 이들 단체를 운영하는 실무진에는 신분을 감춘 공산 프락치들이 많이 침투하여 활약하였다. 이들 내부의 적은 베트남공화국의 패망에 적지 않은 영향을 미쳤다. 베트남전쟁의 교훈은 안보에 있어서 정보기관의 중요성과 더불어 내부의 적에 대한 경계심을 새삼 일깨워준다.

6. 공산주의자들의 위장 평화공세 경계

공산주의자들은 이념을 신봉하며 공산혁명을 추구하고 있는 만큼, 자신들의 목표나 이념을 쉽게 바꾸지 않는다. 그들이 변화를 나타낼 때에는 전략적 변화가 아닌 전술적 변화일 가능성이 높다. 즉, 그들의 목표 달성을 위한 수단 또는 방법론 수준의 변화이거나 위장 변화일 수도 있다.

이와 같은 사례는 베트남전쟁에서 명확하게 나타난다. 위장 평화공세와 '뗏 대공세(설 대공세)', 북베트남의 '연립정부의 구성' 제의가 대표적 사례이다.

베트남에서는 '설'을 '뗏'이라고 부르는데, 베트남인들에게 설은 한국과 유사하게 최대의 명절이다. 베트남인들은 설 연휴로 1주일 이상 쉬면서 민속놀이 등을 즐긴다.

따라서 치열한 전투를 벌이던 북베트남과 남베트남 민족해방전선(NLF)은 1968년의 설을 앞두고 '설 연휴 1주일 동안 휴전하겠다'고 대대적으로 선전하면서 '설 명절의 평화 분위기'를 조성하였고, 남베트남의 군대와 미군의 경계가 느슨해지도록 유도하였다.

설 명절 분위기의 영향으로 남베트남의 군대는 물론 미군, 한국군도 다소 경계를 늦추게 되었고, 이 틈을 탄 북베트남군과 베트콩은 설 직전의 새벽녘에 대대적 공세를 감행하였다.

그 결과 베트콩이 사이공의 미국 대사관을 짧은 시간이나마 점거하는 사태가 발생하였고, 미군 승리의 낙관론에 회의적인 전망이 제기되기 시작하였다. 또 뗏 대공세를 계기로 국제사회에서 반전운동이 확산되었다. 북베트남군과 베트콩은 뗏 대공세에서 군사적으로는 패하였지만 정치적으로는 반전운동의 확산이라는 커다란 성과를 거두었다. 뗏 대공세는 공산주의자들의 위장 평화공세를 경계해야 한다는 교훈을 준다.

그리고 북베트남의 '좌우연립정부의 구성' 제의도 공산주의자들의 위장 평화공세의 주요 사례이다. 남베트남공화국 임시혁명정부(PRG)가 출범하고 파리평화협정의 체결에 의해 미군이 철수한 이후, 북베트남과 남베트남공화국 임시혁명정부는 남베트남 지역의 점령계획의 수립과 더불어 사이공 함락을 위한 총공세를 전개하면서, 다른 한편에서는 전쟁 중단의 조건으로 좌우연립정부의 구성을 제시하였다. 즉, 위장 평화공세를 펼쳤다 다시 말해, 북베트남은 헝가리, 소련, 남베트남공화국 임시혁명정부 등을 통하여 ▲친미반공주의자 응웬 반 티에우 대통령의 사임, ▲감상주의적 민족주의자 즈엉 반 민의 대통령 취임, ▲좌우연립정부의 구성 등을 전쟁 중단의 핵심조건으로 협상을 제시하면서 위장 평화공세를 적극적으로 전개하였다.

이와 같은 북베트남의 위장 평화공세 결과, 응웬 반 티에우 대통령이 퇴임하고, 즈엉 반 민이 대통령으로 취임하였다. 대화파인 즈엉 반 민 대통령은 전쟁의 중단과 베트남 평화에 대한 순진한 희망을 가지고 남베트남공화국 임시혁명정부를 통하여 북베트남에게 좌우연립정부의 구성을 위한 협상을 제의하였다. 그러나 협상 제의는 무시당하고, 남베트남은 북베트남의 무력침공 앞에 패망하였다.

이처럼 베트남전쟁의 사례에서 나타나듯이, 사회주의 또는 공산주의 혁명을 추구하는 공산주의자들이 투쟁이 아닌 평화적 해결을 주장할 경우, 반드시 그들의 전략적 의도를 정확하게 파악하여야 한다. 즉, 공산주의자들의 전략적 목표, 이념 등은 쉽게 변하지 않는다는 점을 고려하면서, 그들의 위장 접근이나 위장 평화공세 등에 대해 경계하면서 대응하여야 할 것이다.

제1장 베트남의 분단과 전쟁

배정호

1. 제2차 세계대전 직후 중국·영국의 베트남 분할 점령

프랑스의 베트남 식민지 지배

　인도차이나반도에 위치한 베트남은 국토 면적이 331,689km²로 한반도의 1.5배 정도다. 베트남의 북부지역은 역사적으로 천년 이상 중국의 지배를 받았다. 즉, 북부 베트남은 중국 한나라의 무제(武帝)가 침공하여 한칠군(漢七郡)을 설치한 이후, 약 천년 이상(BC111-AD939년) 중국의 지배를 받았다.

　서구의 세력이 아시아에 밀려왔던 19세기 후반 이후에는 베트남, 라오스, 캄보디아 3국이 프랑스의 식민지배를 받았다. 베트남의 경우, 프랑스가 1858년 9월에 프랑스 선교사에 대한 박해사건

을 계기로 군대를 파병함에 따라[1] 1884년부터 프랑스의 보호령
이 되었고, 식민지 지배를 받았다.[2]

프랑스는 베트남을 하나의 지역으로 식민지 통치를 하지 않고
남부, 중부, 북부 3개의 지역으로 분할하여 통치하였다. 프랑스는
3개의 분할 지역 가운데 베트남의 남부지역을 '코친차이나(Co
Chin China)'라 명명하고, 프랑스인 관리를 파견하여 직접 통치하
였다. 중부 지역은 명목상이나마 응웬(Nguyen)[3] 왕조가 존속하고
있었기 때문에 안남(Annam)이라 명명하고 보호국으로 삼아 프랑
스의 통제를 받는 베트남인 관리에 의한 간접통치를 하였다. 그
리고 북부지역은 통킹(Tonkin)이라 명명하고 보호령으로 응웬 왕
조와 공동으로 통치하였다.[4]

이후 프랑스의 베트남 식민통치는 약 60여 년간(1884~1945년)
지속되었다. 즉, 베트남은 베트남에 주둔하고 있던 일본군과 응
웬 왕조가 협력하여 1945년 3월에 프랑스군을 격퇴시킬 때까지
프랑스의 식민지배를 받았다.

---

[1] 프랑스는 1858년 9월 1일, 13척의 전함과 2,500명의 병력으로 다낭을 점령하
  였다.
[2] 제2차 톈진조약(1885.6.)의 체결에 의해 베트남의 종주국 청은 완전히 베트
  남에서 철수하였다.
[3] 베트남의 마지막 왕조로 1802~1945년 존속하였다.
[4] 최용호, 「베트남전쟁과 한국군」, 서울, 국방부 군사편찬연구소, 2004, p.31.

일본군의 베트남 주둔과 지배

프랑스가 나치독일의 침공을 받아 파리가 함락되는 등 유럽에서 세력이 약화되면서 인도차이나반도에서도 프랑스의 영향력은 약화되었다. 독일 점령하의 프랑스는 비시 괴뢰정부가 통치하였기 때문에, 독일의 영향력은 프랑스령인 인도차이나반도에도 미쳤다.

따라서 일본은 제2차 세계대전 수행을 위한 자원을 확보하기 위해 동남아지역으로의 세력 확장을 추구하면서 동맹국인 독일을 이용하여 베트남으로 진군하였다. 당시 베트남은 중국의 국민당 정부에게 물자를 제공하는 주요 역할을 하고 있었기 때문에, 중일전쟁(1937-1945)을 치루고 있었던 일본은 '베트남→중국'의 '물자 수송로'를 차단하기 위해 베트남으로 진군하였다.

일본의 베트남 진군은 동맹국인 독일의 외교적 지원을 받아 비교적 어렵지 않게 이루어졌다. 앞에서 언급한 바와 같이, 당시 프랑스는 독일의 괴뢰정권이 지배하고 있었기 때문에, 일본은 동맹국인 독일의 외교적 지원을 받아 프랑스령 베트남에 일본군을 주둔시켰다.[5]

---

[5] 일본은 프랑스의 비시 괴뢰정권이 임명한 장 드꾸(Jean Decoux) 장군이 통치하는 프랑스령 인도차이나정부로부터 일본군의 베트남 주둔을 허용받았다.

일본군은 1940년에 중국-베트남 접경지역인 베트남의 북부지역에 진출하였고, 1941년에는 베트남의 남부지역에도 진군하였다. 제2차 세계대전의 독일 동맹국인 일본은 1941년부터 프랑스 비시(Vichy) 괴뢰정권 산하의 인도차이나총독부를 통하여 베트남을 통치하는 데 실질적인 영향력을 행사하였다. 즉, 일본은 프랑스의 인도차이나총독부와 공존하면서 실질적으로 베트남을 지배하였다.

그러나 유럽의 정세가 1943년에 접어들어 연합군의 공세에 의해 독일의 세력이 약화되고, 프랑스에서도 드골 망명정부가 비시 괴뢰정권을 대체하게 되자, 일본과 프랑스의 인도차이나총독부의 공존도 한계에 이르게 되었다.

따라서 일본은 응웬 왕조와 협력하여 1945년 3월 9일 프랑스의 인도차이나총독부를 공격하여 베트남으로부터 축출하였다. 일본은 프랑스 대신 베트남의 보호국이 되었고, 프랑스의 인도차이나총독의 통치 아래에서 허수아비 왕이었던 응웬 왕조의 바오다이를 황제로 옹립하여 '베트남제국'을 출범시켰다. 즉, 일본은 괴뢰국가인 '베트남제국'을 내세워 식민통치를 하였다. 응웬 왕조의 바오다이 황제는 일본의 위성국 '만주국'의 부이 황제와 유사하다고 볼 수 있다.

일본은 1945년 8월 15일, 제2차 세계대전에서 패망할 때까지 베트남을 식민지배하였다.

영국, 중국 연합군의 베트남 분할 점령

제2차 세계대전에서 일본이 무조건 항복하자 베트남 공산주의 지도자 호치민(Ho Chi Min)은 1945년 9월 2일, 북베트남의 하노이에서 응웬 왕조의 마지막 황제 바오다이 황제를 폐하고 베트남 독립을 선언하였다. 즉, 호치민은 베트남의 북부지역에서 '베트남민주공화국'의 수립을 선언하였다.

그러나 1945년 7월 26일, 독일 포츠담에서 개최된 미국, 소련, 영국 3국회담에서는 베트남의 전후 처리와 관련하여 프랑스를 배제시킨 뒤 북위 16도선을 경계로 북쪽은 중국의 국민당 정부, 남쪽은 영국이 각각 베트남에 주둔하는 일본군의 무장해제를 맡도록 결정하였다.

따라서 '연합국 일반명령 제1호(1945.9.2 공포)'에 의해 일본군의 무장해제를 위하여 베트남의 북부지역에는 중국의 국민당 군대가 1945년 9월 9일에 진주하였다. 베트남의 남부지역에는 영국군이 동년 9월 12일 진주하였다. 즉, 북위 16도 이북의 베트남 지역에는 중국의 국민당 군대, 북위 16도 이남의 베트남 지역에는 영국군이 각기 점령하였다.

일본의 패망으로 베트남은 독립을 맞이하게 되었지만, 강대국에 의해 남북으로 분할 점령을 당하는 운명이 되었다.

게다가 프랑스는 식민지정책을 포기하지 않고 베트남에 대한 자국의 지배권 회복을 주장하였다. 프랑스는 베트남에 대한 종주권을 주장하며 1945년 8월 22일에 케들(Jeam Cèdile)을 판무관(辦務官)으로 파견하였고, 이어 동년 9월 12일에 베트남에 진주하는 영국군에 프랑스 1개 중대를 포함시켜 주둔시켰다.

요컨대, 베트남은 제2차 세계대전에서 일본의 무조건 항복으로 독립을 맞이하게 되었지만, 중국의 국민당 정부와 영국의 분할 점령에 이어 프랑스의 이해가 교차하면서 새로운 국면을 맞이하게 되었다.

2. 제1차 베트남전쟁(1946.12.-1954.5.)의 승리와 재분단

프랑스의 재지배

북위 16도 이북의 베트남 지역을 점령하였던 중국 국민당의 군대는 대륙의 상황 악화로 철수하였다. 중국 대륙에서 장제스의 국민당이 마오쩌둥의 공산당과의 내전에서 패전을 거듭하면서 상황이 어렵게 되자, 중국의 국민당 군대는 1946년 4월부터 몇 차례로 나누어 북부 베트남에서 철수하였다.

북위 16도 이남의 베트남 지역을 점령하였던 영국군도 베트남에 대한 식민지배권의 회복을 강하게 주장하던 프랑스군에게 남부 베트남을 인계하였다. 미국이 인도차이나 반도의 공산화 도미노(domino) 현상을 우려하여 베트남에 대한 프랑스의 식민지배권의 회복을 용인하자, 영국군은 즉시 남부 베트남을 프랑스에게 인계하였다.

따라서 프랑스군은 1945년 9월 23일부터 영국군을 대신하여 베트남 남부지역에 주둔하기 시작하였고, 1946년에 영국군과의 완전 교체가 이루어지면서 베트남 전역을 재점령하였다.[6] 즉, 베트남은 재차 프랑스의 지배를 받게 되었다.

그러므로 베트남의 북부지역에서는 이미 행정권을 장악한 호치민의 공산주의세력과 프랑스군이 갈등을 빚으며 충돌하기 시작하였다. 호치민과 공산주의세력은 베트남의 북부지역에서 1945년 9월 2일에 이미 '베트남민주공화국'의 독립을 선언하고 행정권을 행사하고 있었기 때문에, 베트남에 대한 종주권을 주장하던 프랑스군과 곳곳에서 부딪치기 시작했다. 호치민과 공산주의세력이 남베트남 지역으로까지 세력의 확산을 추구하면서 프랑스군과의 갈등과 충돌은 한층 심화되었다.

프랑스는 호치민과 공산주의세력 확산에 대항하기 위하여 호치민이 폐했던 응웬 왕조의 바오다이 황제를 새롭게 옹립하고, 1949년 6월 베트남의 남부지역에 '베트남왕국'을 세웠다.

---

[6] 최용호, 「베트남전쟁과 한국군」(2001). p.8.

베트남에서는 북부의 '베트남민주공화국'과 남부의 '베트남왕국'이라는 두개의 정권이 등장했다. 소련과 중국의 마오쩌둥 정부는 '베트남민주공화국'을 베트남의 유일한 합법정부로 인정하였고, 미국과 영국은 '베트남왕국'을 베트남의 정식 정부로 인정하였다. 중국 대륙의 공산화와 더불어 동서냉전이 심화되어 가는 상황에서, 미국과 영국은 인도차이나반도의 공산화 도미노 현상를 막기 위해 '베트남왕국'을 정식 정부로 인정하였다.

제1차 베트남전쟁의 발발

프랑스가 베트남을 재지배하면서 프랑스군과 호치민을 중심으로 한 공산주의세력간에 충돌이 심화되었고, 이에 호치민은 군사력의 열세를 고민하여야 했다. 북부 베트남민주공화국의 군사력은 프랑스군에 비해 매우 열세였다.

따라서 호치민은 프랑스와 협상을 통해 독립을 모색하고자 하였다. 그 결과 베트남민주공화국–프랑스간의 협상이 '베트남민주공화국의 정식 정부 인정' 문제를 주요 의제로 하여 진행되었다.

그러나 베트남민주공화국–프랑스 예비협상은 프랑스가 베트남민주공화국을 정식 정부로 인정하는 방향으로 전개되었지만, 과거 식민지 시절의 인도차이나연방을 부활하려는 프랑스의 강한 욕구로 인해 베트남민주공화국–프랑스간의 본협상은 결렬되었다.

베트남민주공화국-프랑스간의 본협상이 결렬됨에 따라, 1946
년 하순경에 베트남-프랑스 전쟁, 소위 '제1차 베트남전쟁'이 발
발하였다. 강력한 화력을 갖춘 프랑스 해군이 1946년 11월 23일
에 하이퐁에 함포 공격을 가하고, 이에 호치민이 동년 12월 19일,
무장투쟁을 선언함으로써 제1차 베트남전쟁이 시작되었다.

제1차 베트남전쟁 즉 베트남-프랑스 전쟁은 1954년 5월 디엔
비엔푸 전투에서 프랑스가 대패할 때까지 8년간 지속되었다.

전쟁이 시작되자 압도적인 화력을 앞세운 프랑스군의 공격 앞
에 호치민의 북베트남군은 일방적으로 밀리기 시작했다. 빈약한
장비의 북베트남군은 하노이 서북쪽의 산악지역으로 밀려나서
게릴라전으로 프랑스군에 대항하였다. 즉, 보 응웬 지압(Vo Nguyen
Giap) 장군이 이끄는 북베트남군은 상대적으로 열세인 무기와 장
비를 극복하기 위해 게릴라전과 정글전을 펼치며 프랑스군에 대
항하였다.

북베트남군은 프랑스에 대한 게릴라 공세뿐 아니라, 베트남 인
민들을 대상으로 베트남의 독립을 위해 프랑스에 항거하는 소위
'항불인민해방전쟁(抗佛人民解放戰爭)'의 정치공세도 전개하였다.
북베트남군은 정치공세를 통해 베트남 인민들의 압도적 지지를
확보하면서, 게릴라전을 통하여 야금야금 영토를 확장해 갔다.

북베트남군의 정글전과 게릴라전, 민심 장악을 위한 정치공세
등으로 인해 프랑스군은 전투에서 이겨도 실질적인 성과는 미약

하였다. 게다가 프랑스는 아프리카 등 다른 식민지 지역으로부터
도 독립의 압박을 받으면서 전력(戰力)을 분산해야 하였고, 미국
의 전비 지원 삭감에 따라 재정 압박을 받아야 했다.

따라서 호치민의 북베트남군은 프랑스군의 어려운 상황을 놓
치지 않고, 1951년부터 하노이의 해방을 향한 공세를 적극적으로
취하기 시작했다. 북베트남군의 게릴라전에 의해 프랑스군의 타
격은 점점 커져갔다.

디엔비엔푸 전투(1954.3.-5.)

프랑스군은 불리한 전황을 타개하기 위해 하노이에서 서부로
약 300km 떨어진 디엔비엔푸(Dien Bien Phu)라는 산악지역에 전략
적 거점을 마련하고, 산악지역의 북베트남군을 분리·분산시켜
각개 격파한다는 전략을 전개하였다.

디엔비엔푸는 북베트남 게릴라군들의 거점을 압박하고 라오
스로 연결되는 게릴라들의 보급로를 봉쇄할 수 있는 전략적 거점
이었다. 프랑스군은 디엔비엔푸에 진지, 비행장 등 강력한 요새
를 구축하고, 북베트남군의 섬멸을 위한 대전투를 준비하였다.

이에 대항하는 북베트남군은 프랑스의 디엔비엔푸 요새의 공
략에 기습적인 게릴라전 중심으로 접근하였다. 북베트남군은 대

체로 정글을 이용한 게릴라전에서는 승리를 거두었지만, 화력이 막강한 프랑스군을 상대로 한 정규전에서는 대체로 열세였기 때문이다.

북베트남군의 디엔비엔푸 전투를 살펴보면, 북베트남군은 먼저 디엔비엔푸의 외곽 산악지대로부터 프랑스군의 요새 200km 전방까지 땅굴과 교통호를 통해 접근하였다. 이를 위해 북베트남군은 수백km에 달하는 땅굴과 교통호를 거미줄처럼 구축하였다.

또 프랑스군이 도로 교통망의 부재로 북베트남군의 포병이 이동해 오지 못할 것이라는 전략적 판단에 허를 찌르기 위해 북베트남군이 관할하는 지역의 수많은 주민을 동원하여 산악지대에 도로를 구축하였다.[7]

북베트남군은 이와 같은 사전 준비를 철저하게 한 후, 1954년 3월 13일에 총공격을 개시하였다. 북베트남군은 51,000명의 병력과 화력으로 총공세를 펼쳤고, 마침내 동년 5월 7일 프랑스군의 요새를 함락시켰다. 프랑스군의 정규전 유도 전술에 맞서 북베트남군은 게릴라전과 정규전이 혼합된 전술로 디엔비엔푸 전투에서 승리하였다.[8]

---

[7] 최용호, "베트남전쟁과 게릴라전", 「戰史」 제6호(2004.6.), p.243.

[8] 프랑스군은 난공불락의 요새, 막강한 공군력 등을 과신한 나머지 북베트남군이 땅굴과 교통호, 도로 등을 건설할 동안에 수색정찰조차 제대로 하지 않았다. 즉, 프랑스군은 자만과 방심으로 패배한 것이다.

프랑스군은 북베트남군을 게릴라 수준에 불과하다고 과소평가하였지만, 디엔비엔푸 전투에서 북베트남군에게 허를 찔리며 패배함으로써 전의를 상실하였다. 디엔비엔푸 전투를 끝으로 8년간 지속된 베트남-프랑스 전쟁, 즉 제1차 베트남전쟁은 북부의 베트남민주공화국의 승리로 끝났다.

제네바협정(1954.7.20)과 분단

프랑스는 디엔비엔푸 전투의 패배에서 적지 않은 충격을 받았다. 디엔비엔푸 전투에서 패한 바로 그 다음날, 즉 1954년 5월 8일, 프랑스는 제네바에서 제1차 베트남전쟁의 휴전을 위한 호치민의 베트남민주공화국과의 협상에 착수하였다.

프랑스-베트남민주공화국간의 제네바회담은 동년 7월 20일까지 지속되었고, 동년 7월 20일에 휴전협정은 조인되었다.(〈표

〈표1-1〉 제네바 휴전협정(1954.7.20)의 주요 내용

1. 북위 17도선을 경계로 북쪽은 호치민의 베트남민주공화국이 통치한다.
2. 북위 17도선을 경계로 남쪽은 프랑스가 지원하는 바오다이 황제의 '베트남 왕국'이 통치한다.
3. 프랑스군은 베트남에서 철수한다.
4. 1956년 7월에 국제기구의 감시하에 남북 베트남의 통일선거를 치루고 통일정부를 구성한다.

1-1〉 참조)

1954년 7월 21일에 발표된 제네바 휴전협정에 따라 프랑스군
은 베트남에서 철수하였고, 북위 17도선이 군사경계선으로 합의
되었다. 그리고 북위 17도 이북에는 베트남민주공화국이 통치하
고, 이남에는 프랑스가 지원하는 바오다이 황제의 '베트남왕국'
이 통치하며, 1956년 7월까지 국제기구의 감시 아래 남북 베트남
의 통일선거를 치루는 것이 합의되었다.

베트남민주공화국 VS 베트남공화국

제네바 합의에 따라 북위 17도선의 이남 베트남 지역을 점령
해 있던 프랑스군은 베트남 철수에 착수하였고, 마지막 부대가
1956년 9월에 사이공(현재의 호치민)을 떠났다.

제네바협정 직후의 남부 베트남의 정치 상황을 보면, 바오다
이 황제의 베트남왕국은 휴전협정 자체를 강력하게 반대하였다.
또 프랑스가 베트남에서 떠나면서 그 권력의 공백에는 미국이 개
입하였다. 즉, 미국이 프랑스를 대신하여 남베트남의 후견국이
되었다.

미국은 반공주의자 응오 딘 지엠(Ngo Dinh Diem)의 권력 장악
을 지원하였고, 응오 딘 지엠은 실권을 장악한 뒤, 1955년 10월

23일 국민투표제를 통해 군주제를 폐지하였다. 베트남왕국은 종말을 고하고, 1955년 10월 26일에 응오 딘 지엠을 대통령으로 하는 '베트남공화국(Republic of Vietnam)'이 수립되었다. 이로써 베트남은 북위 17도선을 군사경계선으로 북쪽에는 공산주의 국가인 베트남민주공화국, 남쪽에는 자유민주주의 국가인 베트남공화국이 대치하게 되었다.

국제냉전이 심화되어 가는 상황에서 남북 베트남의 대치는 베트남 통일선거의 실현을 어렵게 하였다. 결국, 1956년 7월에 예정된 국제 감시하의 남북 베트남의 통일선거는 실현되지 못했다.

요컨대, 제1차 베트남전쟁에서 베트남민주공화국의 승리로 인해 프랑스가 베트남에서 철수하고 베트남은 독립을 하게 되었지만, 남북으로 나눠져 휴전상태의 분단국가가 되었다.

3. 베트남민주공화국과 남베트남 민족해방전선(NLF)

호치민과 베트남민주공화국 및 베트남노동당

베트남 국민들은 오랜 중국의 지배로부터 벗어날 때까지 중국의 지배에 끊임없이 항쟁하였고, 이후 베트남을 지배해 온 외세에 대해서도 끊임없이 투쟁하였다. 즉, 베트남 국민들은 외세에 대한 저항정신이 매우 강하였다.

그러므로, 프랑스의 식민지 지배 아래에서도 베트남인들은 프랑스에 대해 끊임없이 항거하고 저항하였다.

제1차 세계대전을 계기로 베트남에도 자유주의, 사회주의, 공산주의 등 새로운 사상이 유입되면서, 프랑스에 대한 저항운동은 베트남 민족주의 운동과 공산주의 운동에 의해 전국적으로 확산되어 갔다.

당시 베트남에서는 1917년 설립된 하노이대학의 학생들, 프랑스 유학생들 등 젊은 엘리트들은 민족주의 성향의 사회주의 사상에 심취되어 갔는데, 프랑스 파리 유학생 출신의 호치민(Ho Chi Minh: 1890-1969)도 그들 중의 한 명이었다.

호치민은 프랑스의 식민지배 아래에서 1930년 2월 '베트남공산당'을 결성하여 프랑스군에 저항하였는데, 베트남공산당은 코민테른의 지시에 따라 동년 10월 '인도차이나공산당'으로 개칭되었다.

일본군이 베트남에 진주한 이후 호치민과 인도차이나공산당은 프랑스와 일본에 항쟁하기 위해 1941년 5월 베트남 북부의 국경에 인접한 중국 지역에서 '베트남독립동맹(Viet Nam Doc Minh)'을 결성하였다.

베트남독립동맹은 베트민(Viet Minh)으로 널리 알려져 있는데, 인도차이나공산당이 주도세력이면서도 민족주의 계열의 세력, 중국에 망명중인 베트남 독립운동가 등 다양한 정파가 합류한 통일전선조직으로 결성되었다. 즉, 호치민과 베트민은 아직 베트남에서 공산주의를 내걸고 대중혁명을 전개하기에는 취약하다고 판단하고, 통일전선전술에 따라 프랑스와 일본을 '공동의 적'으로 삼고 '베트남민족주의' 이름으로 세력 규합과 확산을 도모하였다.

통일전선전술은 1921년 6월 제3차 코민테른 대회에서 레닌이 국제공산진영의 세력 확대를 위해 '통일전선에 관한 테제'를 발표하면서 제시된 위장 연대전술이다. 통일전선전술의 핵심은 각 전략목표를 달성하기 위해 이해관계를 같이 하기만 한다면, 때로는 이념적 적대세력까지도 수용하는 광범위한 연대전술이다. 각국의 공산주의자들은 자신들의 세력이 상대적으로 약할 경우에 자신들의 정체를 숨기고 세력의 규합과 확산을 위한 연대전술로서 통일전선전술을 전개하였다.[9]

호치민과 인도차이나공산당은 통일전선전술에 따라 민족주의 세력과의 광범위한 연대를 추구하면서, 다른 한편에서는 중국과의 국경지대인 북부 산악지역을 중심으로 거점을 확보하며 해방구를 구축해 갔다. 그리고 일본의 패망이 짙어지자 베트민의 무장세력을 '해방군'으로 명명하고 하노이로 침투시켰다.

---

[9] 레닌은 전술적 차원에서 "3개의 적이 있으면, 둘과 동맹하여 하나를 타도하고, 나머지 둘 중 하나와 동맹하여 다른 하나를 타도한 뒤, 마지막에 1대1로 대결하여 타도하라"고 하였다.

　호치민과 인도차이나공산당은 일본의 패망 직후인 1945년 8월 18일에 하노이의 모든 행정기관을 장악하였고, 동년 8월 29일에 내각을 구성하였으며, 동년 9월 2일에 '베트남민주공화국(the Democratic Repu blic of Viet Nam)을 수립, 선포하였다. 호치민은 베트남민주공화국의 초대 국가주석으로 취임하였다.

　베트남민주공화국의 수립 후, 호치민과 인도차이나공산당은 제1차 베트남전쟁, 즉 프랑스-베트남전쟁에 대비하여 광범위한 투쟁전선을 구축하기 위해 1945년 11월에 인도차이나공산당을 해산하였다. 통일전선조직인 베트남독립동맹을 중심으로 세력을 규합하고 증강시키기 위함이었다.

　인도차이나공산당은 1951년 2월에 '베트남노동당'으로 개칭되어 재발족하였다. 그리고 제2차 베트남전쟁에서 베트남민주공화국이 승리하여 베트남공화국이 패망한 후, 베트남노동당은 1976년 12월에 '베트남공산당'으로 개칭되었다.

　요컨대, 베트남민주공화국은 통일전선전술에 따라 민족주의를 슬로건으로 내걸고 반전, 평화, 통일 등을 외치며 남베트남지역에서 활동하고 있던 독립단체, 종교단체 등 연합세력들에게도 커다란 영향력을 미쳐 세력을 확산시켜 나갔다.

베트남노동당과 남베트남 민족해방전선(NLF)

제네바협정(1954.7.21)을 체결할 때쯤, 남베트남 지역에는 약 5~6만명의 공산주의자들이 활동하고 있었다. 제네바협정의 거주 이동 허용에 따라 남베트남에서 활동하였던 대부분의 공산주의자들은 북베트남으로 넘어갔다. 다만, 이들 가운데 약 5,000명 정도의 공산 정예분자들은 남베트남 지역에 잔류하여 활동하였다.[10]

이들은 베트남노동당의 지시에 따라 향후 실시하게 될 남북베트남의 총선거에 대비하여 잔류하였다. 총선거에서 북베트남의 승리를 위해 남베트남에서 정치공작을 하여야 하였기 때문이다.[11]

당시 남베트남 사회를 살펴보면, 응오 딘 지엠(Ngo Dinh Diem) 정권의 족벌독재와 부정부패, 대지주 중심의 토지개혁, 경제정책의 실패, 종교 차별 등으로 인해 소외된 대다수의 농민들,[12] 불교계 인사들이 격렬한 반정부 시위를 벌였고, 이에 대한 응오 딘 지엠 정권의 강압 조치가 취해지면서 정치사회적 불안은 심화되고 있었다.

---

[10] 최병욱, "베트남민족전선의 실체–지역성과 관련하여", 국방부 군사편찬연구소, 「베트남전쟁 연구총서(2)」, 서울, 국방부 군사편찬연구소, 2003, pp.347–348.

[11] 채명신, 「베트남전쟁과 나」, 서울, 팔복원, 2006, p.79.

[12] 당시 베트남 공화국의 인구 90%가 농민이었다.

이와 같은 상황에서 응오 딘 지엠 정권이 남베트남 내 공산주의자들에 대한 핍박과 탄압이 강화되자, 위기의식을 느낀 남베트남 내 공산주의자들은 하노이의 베트남노동당에 응오 딘 지엠 정권에 대항할 수 있는 민족통일전선 조직의 필요성을 건의하였다.

베트남노동당 중앙위원회는 그 건의를 받아들였고,[13] 1960년 12월 20일, 사이공 서북방 캄보디아 국경 부근의 정글지역에서 '미국 제국주의의 앞잡이 응오 딘 지엠 정권의 타도'를 목표로 하는 남베트남 민족해방전선(Nation Liberation Front, NLF)이 결성되었다.

남베트남 민족해방전선(NLF)은 응오 딘 지엠 정권에 비판적이고 반대하는 모든 계층, 정파, 종파, 사회단체 등을 망라한 연합단체로 조직되었다. 남베트남 민족해방전선(NLF)은 외형상, 북베트남의 베트남민주공화국과는 무관하게 남베트남 내에서 자생적으로 결성된 통일전선조직이었지만,[14] 실질적으로는 베트남노동당의 철저한 전략적 기획에 따라 결성되었다.

따라서 남베트남 민족해방전선은 '남베트남중앙국(Central

---

13) 중부지역의 노동당 당서기 보치콩(Vo Chi Cong)의 회고기 참조. Vo Chi Cong, Tren Nhung Chang Duong Cach Mang, Ha Noi, 2001, pp.181-187.木村哲三郎, "北ベトナムの南部統一戦線について", 「アジア研究所紀要」40(2013), p.78. 재인용.

14) 유제현, 「越南戰爭」, 서울, 도서출판 한원, 1992, p. 111.

Office for South Vietnam N, COSVN)'이라는 조직의 지도 아래 운용되었다.[15] '남베트남중앙국'은 남베트남 민족해방전선(NLF)의 결성 직후인 1961년 10월에 설립되었고, 북쪽의 베트남노동당(나중에 공산당으로 개명)에서 파견된 지도원의 지도 아래 남베트남에서의 공산화 혁명투쟁을 지휘하였다.

요컨대, 남베트남 민족해방전선은 공산주의자들이 핵심세력이었고, 남베트남중앙국의 지도를 받으며 조직 운용, 무장 투쟁 등을 전개하는 조직이었다.

이와 같은 남베트남 민족해방전선의 산하에는 통칭 베트콩(Viet Cong)으로 불리는 '남베트남 인민해방군'이 있었다. 남베트남 인민해방군은 1962년 2월에 남베트남 지역의 무장세력을 통합하여 조직되었으며, 베트남노동당 중앙군사위원회의 직속인 남베트남군사위원회의 지휘를 받았다.[16]

남베트남 인민해방군은 베트남공화국이나 미군들에게 비하되어 통칭 '베트콩'으로 불렸다. 즉, 베트콩(Viet Cong)은 일반적으로 '베트남 공산주의자(Viet Nam Cong san: Viet Nam Communist)'를 의미하며, VC로 약칭되었는데, 구체적으로는 남베트남 민족해방전

---

[15] '남베트남 중앙국'은 1961년 10월에 설립되었는데, 조직 운용은 베트남민주공화국의 노동당(후에 공산당으로 개명)에서 파견된 지도원의 지도를 받으며 이루어졌다.

[16] 木村哲三郎, "北ベトナムの南部統一戰線について"(2013), p.82.

선의 무장조직인 남베트남 인민해방군을 의미하였다.

남베트남 인민해방군, 즉 베트콩은 〈표1-2〉와 같이 주력군, 지방군, 민병대의 3종류로 구성되어 있었다. 주력군과 지방군의 주요 지휘관, 간부들은 북베트남에서 내려온 정규군의 장교들이 었다. 즉, 베트콩들도 북베트남군의 지휘를 받았다.

남베트남 민족해방전선과 베트콩은 군사력을 강화하며 적극적으로 활동을 전개하였는데, 특히 해방구의 확산을 위해 농촌지역을 중심으로 활동을 전개하였다. 그 결과, 국토의 약 58%까지 장악하였다.

〈표1-2〉 베트콩의 종류

주력군 (主力軍)	비교적 높은 훈련이 수준의 군인으로 구성되었음.	○ 주요 간부급은 북베트남의 정규군 장교 ○ 중대, 대대, 연대로 편성
지방군 (地方軍)	향토 출신의 베트콩으로 되었음.	○ 주요 지휘관 및 참모들은 북베트남의 정규군 장교 ○ 독립된 지방단위 부대로 운용 - 주력군 증원
민병대 (民兵隊)	지방 게릴라 - 민간인으로 가장하고 있음.	○ 주력군 및 지방군의 작전을 안내, 보급운반 등을 담당하며 지원. ○ 남베트남 전역에 존재

〈출처〉 채명신, 「베트남전쟁과 나」, 서울, 팔복원, 2006, pp.71-72.

　　남베트남 민족해방전선은 자신들이 장악하고 있는 지역, 소위 '해방구'에서 국가에 준하는 행정체제를 구축하기 위해 1969년 6월에 '남베트남공화국 임시혁명정부(Provisional Revolutionary Government, PRG)'를 수립하였다. 즉, 남베트남 민족해방전선의 주도 아래 민족평화연합, 민족민주연합전선 등이 연합하여 인민대표대회를 개최하고 남베트남공화국 임시혁명정부를 수립하였다.

　　남베트남공화국 임시혁명정부(PRG)는 공산주의 세력이 점령한 지역에서 행정권을 행사하였고, 점령지역 내에서 대대적인 토지개혁을 실시하여 남부 베트남 지역의 주민들의 폭넓은 지지를 확보하였다. 남베트남공화국 임시혁명정부는 이를 기반으로 국제사회에서도 남부 베트남지역의 정치세력으로 인정을 받기도 하였다. 남베트남공화국 임시혁명정부는 베트남민주공화국과 함께 전쟁 당사자로 파리평화협정의 체결에 참가하였다.

4. 호치민 루트

　　호치민 루트(Ho Chi Minh trail)는 북위 17도선 북쪽의 꽝빈(Quang Binh)성에서 출발하여 베트남 중부의 험준한 쯔엉선(Truong Son) 산맥을 따라 라오스와 캄보디아 지역 내에 설치된 통로인데, 소위 '항불인민해방전쟁(抗佛人民解放戰爭)', 즉 제1차 베트남전쟁인 '베트남–프랑스 전쟁' 때부터 사용되어 왔다.

호치민 루트의 총길이는 약 16,700km이고, 캄보디아에서 당시 남베트남의 수도 사이공(Saigon, 현 호치민시)의 북부 지역까지 약 1,000km정도이다. 호치민 루트는 종횡으로 연결되어 있는데, 베트남전쟁 기간 동안에 북베트남군의 베트콩에 대한 물자 및 장비 지원을 위한 보급로로 전략적으로 활용되었다.

북베트남의 지도자 호치민은 베트남전쟁에서 호치민 루트를 전략적으로 이용하기 위해 베트남전쟁의 개막을 앞두고 차량 통행이 가능하도록 도로 확장공사를 지시하였다. 1959년 5월에 시작된 호치민 루트의 공사는 1975년초까지 지속되었는데, 단차선에서 복차선으로 확장되었고 송유관도 매설되었다. 또 호치민 루트의 주요 지점에는 항공기 공격에 대비한 차량 대피호가 구축되었고, 숙영지, 보급품의 중간 집적소, 지하로 굴뚝망이 연결된 취사장 등이 설치되었다.[17]

이와 같은 호치민 루트에는 주도로(主道路)로부터 북부, 중부, 남부 베트남의 각 지역에 이르는 지선통로도 개설되어 있기 때문에 호치민 루트를 통하여 남베트남의 전 지역에 보급이 가능하였다(〈그림1-1〉 참조). 라오스와 캄보디아는 북베트남군이 자국 영토 내의 호치민 루트를 이용하는 것을 묵인하였다.

게다가 미국이 1964년 8월 2일의 통킹만 어뢰 사건을 계기로

---

[17] 유제현, 「越南戰爭」(1992), pp.118-119.

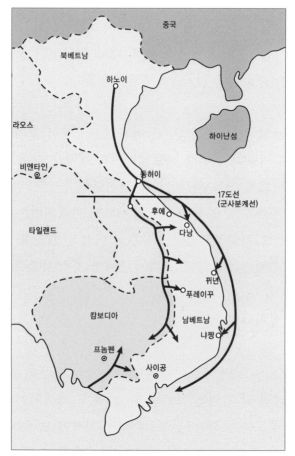

〈그림1-1〉 호치민 루트와 해상보급로[18]
〈출처〉 최용호, 「베트남전쟁과 한국군」,
서울: 국방부 군사편찬연구소, 2004, p.26.

[18) 그림에서 호치민루트는 라오스, 캄보디아에서 남베트남으로 들어가는 루트이고, 해상보급로는 바다를 통해 남베트남으로 들어가는 보급로이다.

북베트남을 폭격하기 이전까지, 베트남전쟁은 북위 17도선 이하의 남베트남 영토 내에서만 국지전을 치루었고 호치민 루트에는 미국 지상군을 투입하지 않았기 때문이다. 즉, 호치민 루트는 통킹만 어뢰 사건이 발생하기 전까지 미군의 공격을 받지 않는 일종의 성역(聖域)이었다.

그러므로 북베트남은 해상보급로와 함께 호치민 루트를 통하여 남베트남지역의 베트콩들에게 무기, 장비, 물자 등을 안정적으로 공급할 수 있었다. 아울러 남베트남에서 활동하던 북베트남군은 호치민 루트에서 휴식을 취하거나 재편성 등의 전술적 작업을 하면서 원하는 시간과 장소에서 공격을 재개할 수 있었다. 이는 북베트남군이 베트남전쟁에서 승리를 거두게 하는 중요한 요인들 가운데 하나가 되었다.

5. 제2차 베트남전쟁(1959.1.-1973.1.)의 발발

제2차 베트남전쟁의 발발

제1차 베트남전쟁의 제네바협정(1954.7.)에서는 국제기구의 감시하에 남북 베트남의 통일선거를 1956년 7월까지 실시하기로 합의하였다. 그러나 1955년 10월에 등장한 남베트남의 베트남공화국 응오 딘 지엠(Ngo Dinh Diem) 대통령은 1956년에 남북 총선거 실시를 거부하였다. 남북 베트남의 통일선거가 치러질 경우,

호치민과 베트남민주공화국의 승리가 명백하게 예상되었기 때문이다. 응오 딘 지엠 대통령은 국제냉전의 심화, 남북 베트남간의 대치 상황 등을 고려하면서, '베트남공화국은 제네바협정의 체결 당사자가 아니기 때문에 협정을 지킬 의무가 없다'는 명분을 내세워 남북 총선거를 거부하였다.

오히려 응오 딘 지엠 대통령은 미국의 지원 아래 독자적 권력을 강화하면서 정권에 반대하고 저항하는 세력들을 탄압하였다. 즉, 응오 딘 지엠 대통령(Ngo Dinh Diem)은 남베트남의 공산주의자들을 비롯한 반정부 세력을 강하게 탄압하였다.

따라서 호치민과 베트남노동당은 응오 딘 지엠 정권을 강하게 비판하면서, 선거를 통한 공산혁명전략에서 남베트남 정부의 타도를 통한 공산혁명전략으로 전환하였다.

공산화 혁명전략의 전환에 따라 호치민과 베트남노동당은 남베트남인에 의한 남베트남 정부의 타도를 위해 남베트남의 공산주의자들에게 테러 및 게릴라 활동, 국민들의 반정부 시위 선동 등을 지시하였다.[19] 베트남노동당은 1959년에 '남베트남 해방전쟁의 새로운 국면을 전개하자'고 결의하였고, 1960년 9월의 제3차 당대회에서는 '남베트남에서의 민족적 민주주의 인민혁명의 전개'를 결정하였다.[20]

---

[19] 남베트남 관리가 1959년에 250명, 1960년에 1,400명이 암살되었다. 유제현, 「越南戰爭」(1992), p.120.

[20] 위의 책, p.110.

아울러 베트남노동당은 남베트남 지역의 당조직과 해방구를 수호하고 공산화 혁명을 위해 남베트남 공산주의자들의 건의를 받아들여 '남베트남 민족해방전선(NLF)'의 결성을 승인하였다. 남베트남의 공산주의자들은 통일전선전술에 따라 1960년 12월에 남베트남 민족해방전선(NLF)을 결성하였다. 그리고 남베트남 지역의 혁명사업 지휘부인 남베트남중앙국(COSVN)도 1961년 1월에 조직되었다.

호치민과 베트남노동당은 남베트남중앙국과 남베트남 민족해방전선을 거점으로 게릴라전은 물론 정치전쟁도 전개하였다. 남베트남 민족해방전선(NLF)은 응오 딘 지엠 정권을 '미제국주의 주구정권(走狗政權)' '족벌 독재정권' 등으로 비난하면서 민족주의 정서에 호소한 반정부 투쟁을 선동하였고, 베트남 인민해방군은 기습공격, 매복공격 등 게릴라전으로 남베트남의 군대, 행정기관 등을 공격하였다. 남베트남 민족해방전선의 게릴라 활동은 무장조직인 '베트남 인민해방군'이 창설된 뒤 본격적으로 전개되었다.

이처럼 호치민과 베트남노동당의 지시에 의해 남베트남 지역 내의 공산주의자들이 반정부 투쟁, 게릴라전 등을 조직적이고 본격적으로 전개하면서 제2차 베트남전쟁이 내전으로 발발하였다.

북베트남의 개입과 정규전 규모로 확대

응오 딘 지엠 정권의 족벌정치, 경찰력에 의존한 강권정치, 토지개혁에 대한 농민들의 불만, 불교계의 소외와 승려들의 분신자살 등으로 인해 응오 딘 지엠 정권에 대한 민심 이반은 심화되고 가속화되어 갔다. 즉, 남베트남 사회의 혼란상황은 반정부 시위, 농민봉기 등으로 점점 심화되었다.

이와 같은 상황에서 응오 딘 지엠 대통령은 1963년 11월 '즈엉 반 민(Duong Van Minh)' 장군이 주도한 쿠데타에 의해 암살을 당하였고, 정권은 붕괴되었다. 응오 딘 지엠 정권의 붕괴이후, 남베트남의 베트남공화국에서는 쿠데타의 악순환이 계속되었다. 베트남공화국은 응웬 반 티우(Nguyen Van Thieu) 장군이 1965년 6월 권력을 장악할 때까지 잦은 쿠데타로 정치적 혼란에 빠지면서 10차례의 정권교체를 겪었다.

북베트남이 호치민의 지도 아래 안정적인 상황에 있었던 것에 비해, 남베트남은 정치사회적으로 매우 불안한 상황에 놓여있었다. 잦은 쿠데타와 정권교체의 후유증으로 국가 기강의 해이는 물론 군대의 지휘체계, 행정체계, 주요 기관의 행정능력 등이 심각하게 약화되었다. 특히 정보기관, 대공정보기관의 능력이 우려스러운 수준으로 취약해졌다.

호치민과 베트남민주공화국은 이와 같은 베트남공화국의 취약성을 놓치지 않고 베트콩들의 공세를 강화시켰다.

베트남민주공화국은 베트콩들의 군사적 공세를 지원하기 위하여 라오스와 캄보디아와의 접경 산악지대에 약 1,000km에 달하는 보급로 '호치민 루트(Ho Chi Minh trail)'[21]를 건설하였다. 베트남민주공화국은 '호치민 루트'을 통하여 많은 무기와 물자들을 남베트남의 베트콩에게 지원하였고, 또 해상보급로를 이용하여 많은 장비와 물자들을 공급하였다.

베트남민주공화국이 베트남공화국의 정치적 혼란이 가장 심하였던 1964년에 약 12,000여 명의 정규군을 남베트남 지역으로 침투시키면서, 제2차 베트남전쟁은 게릴라전 수준을 넘어 정규전 규모의 수준으로 확대되었다.

6. 통킹만 사건(1964.8.)과 미군의 본격적인 전쟁 개입

미국의 지원과 '전략촌 계획'

베트남공화국의 정부군은 1960년 12월 말부터 대대적으로 전개된 베트콩의 게릴라전에 제대로 대응하지 못하고 밀리기 시작

---

[21] 호치민 루트의 총길이는 약 16,700km이다.

했다.

　따라서 군사고문단과 군사물자를 지원해 왔던 미국은 베트남공화국의 정부군을 대상으로 정규전에 대비한 군사훈련뿐 아니라 게릴라전에 대응하는 교육, 베트콩 전술에 대한 대응 훈련 등을 실시하고, 헬기, 장갑차 등 최신 장비를 지원하였다. 그리하여 베트남공화국의 정부군의 전투 능력은 강화되었다.

　또 미국은 농촌을 거점으로 활동하는 베트콩들의 게릴라전에 대응하는 데 군사적 조치만으로는 한계가 있다고 판단하고 베트콩들의 활동의 거점을 제거하는 전략적 조치도 취하였다. 즉, 미국은 베트콩에 대한 농민들의 동조와 지원을 차단하고 게릴라들을 고립시키기 위해 1961년부터 '전략촌 계획(Strategic Hamlet Program)'을 입안하였고, 1962년 2월에 전략촌 건설계획을 공식적으로 발표하였다.

　전략촌 계획은 농촌의 작은 마을들이 베트콩들의 온상, 거점 역할을 하였기 때문에, 베트콩들의 활동 거점이 될 수 있는 작은 마을들을 폐쇄하고 그 대신 대형의 '요새화된 전략촌'을 건설하여 여기에 산재되어 있는 작은 마을들의 농민들을 이주시키는 계획이다. 즉, '물(농촌마을)과 물고기(베트콩)'를 분리시키는 전략적 계획이다.

　전략촌 계획은 약 1,000여 명의 주민을 단위로 하는 11,000개

의 전략촌을 건설한다는 계획으로 시행되었고,[22] 전략촌이 건설
된 뒤, 베트콩의 전략촌 침투를 막기 위해 베트남공화국의 정부
군이 전략촌에 배치되었다.

이와 같은 전략촌의 건설은 베트콩의 게릴라들이 남베트남의
농민들에게 접근하지 못하도록 하는 전략적인 차단 효과를 거두
는 데 기여하였다. 또 전략촌의 건설은 베트콩의 게릴라에 관한
정확한 정보를 수집하는 데 도움이 되었다. 따라서 군사적으로
중요한 전략촌에는 미국의 군사고문관이 파견되기도 하였다.[23]

그러나 전략촌의 건설계획은 농민들의 반 강제적 이주, 새로운
주택 건설공사에서의 관료들의 중간 착복과 부패, 실적 위주의 졸
속 행정 등으로 인해 한계를 나타내었다.[24] 게다가 잦은 쿠데타,
반정부 시위 등에 따른 베트남의 정국 혼란, 업박(Ap Bac)전투의
패배 등으로 인해 전략촌의 건설계획은 시행 중에 중지되었다.

업박(Ap Bac)전투의 패배와 남베트남 정부군의 한계

미군으로부터 새로운 훈련을 받은 베트남공화국의 정부군은

---

[22] 전략촌은 1962년 9월까지 3,200여개, 1963년 8월까지 8,100여개가 건설되
    었다.

[23] 유제현, 「越南戰爭」(1992), pp.127-128.

[24] 최용호, 「베트남전쟁과 한국군(1)」(2001), p.83

헬기와 장갑차 등 최신 장비를 활용하여 1962년의 후반기부터는 열세를 만회하기 시작하였다. 전략촌의 설립으로 베트콩의 온상이 사라짐에 따라 베트남공화국 정부군의 베트콩 소탕작전도 예전에 비해 순조롭게 전개되었다.

따라서 베트남공화국의 정부군은 전력의 강화와 더불어 사기도 진작되었다. 하지만 베트남공화국의 정부군은 1963년 1월의 업박(Ap Bac)전투에서 패배함으로써 한계를 드러내었다.

업박(Ap Bac)지역은 지금의 호치민시(당시 사이공시)에서 서쪽 80km 지점에 있는 삼각주 지역의 평야지대이다.[25]

업박 전투는 1963년 1월 2일 베트남공화국 정부군의 공격으로 시작되었다. 베트남공화국의 정부군은 업박 지역의 베트콩에 대한 정보와 사정에 어두웠다. 이와 같은 상황에서 베트남공화국 정부군의 공격은 제대로 이루어지지 않았고, 오히려 베트콩의 기습공격을 받아 대패하였다.

업박 전투의 패배로 인해 미군과 베트남공화국 정부가 베트콩을 고립화시키기 위해 막대한 예산을 투입하여 추진하던 전략촌 건설사업은 와해될 위기에 처해졌고,[26] 남베트남 지역의 농촌지역은 약 50% 이상이 베트콩의 영향 아래 놓이게 되었다.

---

[25] 업박(Ap Bac)은 지금의 롱안(Long An) 서쪽 지역의 작은 마을이다.

[26] 최용호, 「베트남전쟁과 한국군(1)」(2001), p.97.

요컨대, 업박 전투의 패배를 계기로 베트남전쟁은 베트남공화국과 미군에게 불리한 상황으로 전환되었고, 베트남민주공화국의 군대와 베트콩의 사기는 진작되었다. 미군은 베트남공화국 정부군이 독자적인 작전을 수행하기에는 아직 능력이 부족하다고 판단하였다.

통킹만 사건과 미군의 본격적인 전쟁 개입 및 확전

베트남공화국 정부군의 작전수행 능력이 매우 취약하였기 때문에 미국은 1963년 12월에 미국 군사고문단의 인원수를 대폭 증가하였다. 나아가 미국은 1964년 1월에 북베트남 지역에 대한 정찰비행, 북베트남의 해안지역에 대한 남베트남 특공대의 기습작전 등 비밀작전을 승인하였다.[27]

이처럼 미국이 남베트남에 대한 군사적 지원을 증강시키는 상황에서, 1964년 8월 2일 통킹(Ton Kin)만[28]의 공해상에서 미국의 구축함이 순찰 도중에 베트남민주공화국 해군의 어뢰 공격을 받는 사건이 발생하였다.

---

27) 북부 베트남에 대한 비밀작전의 승인은 미군이 베트남전쟁에 직접 개입하는 계기가 되었다.

28) 통킹만은 북부 베트남과 중국의 하이난도(海南嶋) 사이에 위치해 있다. 통킹만 해안에는 하이퐁항 등 남부 베트남의 중요한 시설들이 위치해 있었다.

통킹만의 어뢰 공격 사건이 발발하자 미국은 베트남전쟁에의 개입 수준을 한층 더 높였다. 통킹만 사건 직후, 미국은 1964년 8월 5일에 항공모함의 함재기를 출동시켜 베트남민주공화국의 해군기지, 유류 저장고 등을 폭격하였다.

그리고 1965년 2월 7일, 베트남민주공화국의 정규군이 남베트남의 중부 고원지대의 미군 고문단 숙소, 비행장 등에 기습공격을 가하자[29] 미국은 즉시 북베트남 지역에 대한 폭격을 대대적으로 개시하였다. 미국은 1965년 2월부터 북위 17도 이남에 국한시켰던 제한전[30]을 벗어나 북위 17도 군사분계선 이북의 군사시설, 항구시설에 대한 공습을 대대적으로 개시하였고, 동년 3월에는 미국 해병 2개 대대를 다낭에 상륙시켰으며, 동년 5월에는 미국 지상군을 파병하였다.

통킹(Ton Kin)만 사건, 중부 고원지대의 미국 고문단 습격 등을 계기로, 베트남전쟁은 북위 17도 군사분계선의 이남 지역에서 군사분계선 이북의 베트남민주공화국 지역으로 확전되기 시작하였다. 아울러 베트남전쟁은 미국 지상군의 파병이 본격적으로 증대되기 시작하면서 소위 '베트남전쟁의 미국화'로 전환되었다.

---

[29] 베트민군의 기습공격으로 피해는 미국인 전사 8명, 부상 100여 명, 그리고 항공기 65대 파괴, 15대 손상이다.

[30] 미국은 북위 17도 이북의 북베트남, 즉 베트남민주공화국에 대한 지상공격은 물론, 북베트남군의 보급로 및 후방기지가 있는 라오스, 캄보디아 지역에 대한 공격도 제한하였다. 유제현, 「越南戰爭」(1992), p.470.

'베트남전쟁의 미국화'로 전환되면서, 미국은 한국, 오스트레일리아, 타이완 등 자유우방 25개 국가들에게 남베트남 지원을 위한 파병을 요청하였다. 이에 한국, 오스트레일리아, 뉴질랜드, 타이완, 필리핀, 태국, 스페인이 파병을 하며 참전하였다. 한국은 1965년 10월에 청룡부대(해병여단)를 파병하였고, 이어 맹호부대(육군), 백마부대(육군) 등을 파병하였다.

이처럼 미국의 요청에 따라 자유우방 국가들의 전투부대, 비전투부대 등이 파병되면서, 베트남전쟁은 북위 17도 이남의 제한전에서 베트남 전역으로 확대되었고, 내전에서 국제전으로 전환되었다.

요컨대 베트남전쟁은 1964년의 정치적 혼란기에 '게릴전→정규전'으로 확대되었고, 나아가 1965년의 통킹만 사건을 계기로 북위 17도 이남의 남베트남지역 내의 제한전에서 북베트남 전역으로 확전되면서 '내전→국제전'으로 비화되었다.

7. 베트남민주공화국의 정규군 투입과
　　중국 · 소련 · 북한의 지원

베트남민주공화국의 대규모 정규군 투입

미국이 통킹만 사건을 계기로 북베트남 지역에 대한 '보복 폭격'을 감행하면서 베트남전쟁은 내전을 넘어 국제전의 수준으로 확대되기 시작했다. 이에 베트남민주공화국은 게릴라전의 수준을 넘어 군사적 총공세를 가하기 위해 1965년에 접어들어 남베트남 지역에 한층 많은 정규군을 투입하기 시작하였다.

베트남민주공화국은 남베트남의 정치사회적 혼란 등을 전략적으로 이용하면서, 전쟁의 결정적 승기(勝機)를 잡기 위해 남베트남 지역에 대규모 정규군을 본격적으로 투입하기 시작하였다. 그 규모는 1965년 말에 약 20만 명이었고, 1966년에 들어와서는 30만 명을 넘었다.[31]

중국, 소련의 베트남민주공화국 지원

중국과 소련의 지원 아래 베트남민주공화국의 대규모 정규군이 투입되면서, 남베트남 지역의 베트콩들도 베트남민주공화국 정규군의 지휘 아래 작전을 전개하였다. 실제로 베트콩의 주력군과 지방군의 주요 지휘관, 간부들은 베트남민주공화국에서 파견된 정규군의 장교들이었다.

소련과 중국의 북베트남에 대한 경제적, 군사적 지원을 살펴보면, 소련은 제네바협정(1954.7.21) 이후에 경제 중심으로 지원을

---

[31] 유제현, 「越南戰爭」(1992), p.187.

해주다가, 미국 공군의 하노이 폭격이 시작된 1965년 2월 이후에
는 미사일, 미그기, 각종 전차와 야포 등을 지원해 주었다.

중국은 경기관총, 박격포, 로켓트 발사대, 각종 탄약, 지뢰 등
을 지원하였고, 미군의 북베트남 폭격이 전개된 1965년 2월 이후
에는 지상군 2개 대대, 고사포 사단 등을 파병하였다.[32] 즉, 전투
부대를 파병하였다.

북한의 베트남민주공화국 지원

북한도 베트남민주공화국에 적지 않은 전투병력, 물자 지원을
하였다. 한반도에서 미군과 대치하고 있는 북한은 반미 차원에서,
즉 미국과의 투쟁 차원에서 군사고문단의 파견뿐 아니라, 〈표
1-3〉에 나타난 바 같이, 공군전투부대, 심리전부대, 특수전부대,
고사포부대, 공병부대를 파병하였고, 총기, 군복, 의약품, 식량 등
을 지원하였다. 북한 공군은 약 60명의 조종사들이 3-6개월 단위
로 교대하며 파견되었는데, 주로 미 공군기의 공격으로부터 하노
이 영공을 방어하는 임무를 수행하였다. 북한 고사포부대 역시
미군의 공중폭격으로부터 하노이를 방어하는 임무를 수행하였
다.[33] 심리전부대는 베트콩을 대상으로 한 한글교육을 실시하면

---

32) 위의 책, p.163.

33) 이신재, 「북한의 베트남전쟁 참전」, 서울, 국방부 군사편찬연구소, 2017, pp.
   102-107.

〈표1-3〉 북한의 베트남전쟁 참전 및 지원 현황

구분	시기(추정)	규모 및 활동
공군 전투 부대	1966-72년	○ 파병 전(全) 기간에 연인원 1,000명 이상 파병 추산 - 조종사 800명, 지원병력 200명 이상 * 1개 비행연대 규모: 조종사 60명, 지원병력 40-50명 - 3-6개월 단위로 파병 병력 교체 ○ 하노이의 노이바이 비행장과 박장 지역의 캡 비행장 2곳의 비행기지에 주둔 - 하노이 영공 방어를 위해 미군과 공중전 실시
심리전 부대	1966-72년	○ 초기 4명에서 시작, 최대 35명으로 증가 - 베트남전쟁 전 기간에 최소 연인원 100명 이상 파병 추산 ○ 한국군 주둔 지역과 인접한 베트남 남부 쟈라이(Gia Lai)성 지역에 주둔하면서 한국군에 대한 전단 살포 및 심리전 방송, 한국군 납치, 베트콩에 대한 한국어 강습 실시
특수전 부대	1967-75년	○ 1967년: 1,000명의 '자원병' 부대 파병 - 1968년: 1개 정규군 대대 파병 ○ 1970년: 기존에 파병된 2개 대대 규모의 자원병부대와 1개 정규군 부대를 대체하여 2개 정규군 대대 파병 ○ 1975년: 남베트남 침공시, 2개 대대 규모의 부대 가 무력통일 지원
고사포 부대	1966-72년	○ 최소 2개 대대의 규모에서 최대 2개 연대 규모까지 파병 ○ 수도 하노이에 주둔하며 미군의 공중공격으로부터 하노이를 방어하는 임무 수행

공병 부대	1964-72년	○ 2개 대대급 파병 ○ 북베트남 주요 기관이 들어갈 갱도 건설, 미군의 폭격으로 파괴된 도시와 산업시설 재건
베트콩 훈련 지원	1965-73년	○ 베트콩 전투원들을 북한으로 초청하여 유격전 등 게릴라 훈련 실시 - 연인원 약 800명 훈련 - 3개월 단위 훈련 ○ 1968년: 30-40명의 중대장급 요원들을 평양과 해주에서 훈련시킴
물자 지원	1964-75년	○ 총기 10만 정, 군복 100만 벌 지원 ○ 의약품, 식량 등 지원

〈출처〉 이신재,「북한의 베트남전쟁 참전」, 서울, 국방부 군사편찬연구소, 2017, pp.76-79.

서, 한국군의 주둔지역까지 진출하여 청룡부대, 맹호부대 등 한국군을 상대로 납치, 회유, 귀순 등의 활동을 펼쳤다.[34] 특수전부대 등 북한의 지상군은 1967년부터 파병되었는데, 1970년 11월 이후에 2개 정규군 대대, 1975년에 총 4개 대대급 규모가 주둔하면서 각 전투에서 북베트남군을 지원하였다.[35]

또 북한은 남베트남 민족해방전선(NLF)을 현지에서 지원하는 활동을 전개하면서, 베트콩 전투원들을 북한으로 초청하여 3개월 단위의 게릴라 훈련을 평양 근교의 순안, 청진, 양원 등지에서 실

[34] 위의 책(2017), pp.150-164
[35] 위의 책(2017), pp.198-199

시하였다.[36) 연인원 약 800명을 훈련시켰는데, 1968년에는 평양과 해주에서 30-40명의 중대장급 요원들을 훈련시키기도 하였다.[37) 북한은 단순히 남베트남 민족해방전선의 활동을 지원하는 수준에 머무르지 않고, 한반도의 공산혁명화 차원에서 남베트남 민족해방전선의 투쟁활동에 많은 관심을 표명했는데, 남베트남 민족해방전선의 게릴라전, 정치공작 등 주요 전술을 벤치마킹(benchmarking)하기도 하였다.[38)

요컨대 북한은 베트남민주공화국을 군사적 및 비군사적으로 지원하면서 다른 한편에서는 전쟁의 실전 경험을 중시하였다. 특히 북한은 한반도 공산화를 위한 대남전략에 활용하기 위해 베트남민주공화국의 남베트남 공산화 전략과 정치공작, 남베트남 민족해방전선의 정치투쟁 활동 등에 높은 관심을 표명하며 연구하였다.

8. 뗏 대공세(1968)와 반전 여론 및 반전운동

북베트남군과 베트콩의 뗏 대공세(1968)

남베트남 지역의 베트콩에 대한 베트남민주공화국의 지원이 증폭되면서, 남베트남 지역으로 투입된 기존의 베트남민주공화

---

36) 위의 책(2017), pp.76-79.

37) 위의 책(2017), p.78.

38) 위의 책(2017), p.53.

국의 전투부대는 물론, 베트콩의 전투력도 상당히 증강되었다.

그러나 베트남민주공화국의 정규군과 베트콩은 남베트남 지역의 각종 전투에서 미군과 연합군의 소모작전에 휘말리며 적지 않은 어려움을 겪어야 했다. 왜냐하면, 미군과 한국군 등의 연합군이 산악 정글에 구축되어 있던 베트콩과 베트남민주공화국 정규군의 은거지를 공격하여 적지않은 타격을 가했기 때문이다.

게다가 남베트남의 응웬 반 티에우(Nguyen Van Tieu) 정부도 정치적 혼란 속에서 다소 안정을 찾아 갔고, 미군의 파병도 점점 증대되었다. 미국 지상군은 1965년 말부터 파견되었는데, 1968년 하반기에는 약 53만 명에 이르렀다.

이와 같은 상황에서, 베트남민주공화국과 베트콩은 소모전에 따른 인적 자원과 보급품의 고갈을 극복하고 전쟁의 고착된 상황을 전환시키기 위해 '뗏 공세', 즉 구정 대공세를 기획하였다.

한국과 유사하게, 설은 베트남 민족들에게도 가장 큰 명절이었다. 베트남민족들은 음력 1월 1일을 전후하여 1주일 이상의 휴가를 가지면서 민속행사를 즐겼다.

따라서 베트남민주공화국은 '설 연휴 1주일 동안 휴전하겠다'고 대대적으로 선전하여 베트남공화국의 군대와 미군들의 긴장과 경계를 늦추도록 유도한 뒤, 1968년 1월 음력 설을 앞두고 새벽에 대대적인 공세를 감행하였다.[39] 1968년의 뗏 공세(구정 대공세)는 베트남민주공화국의 보 응웬 지압(Vo Nguyen Giap) 장군의 지휘 아래 남베트남의 전 지역의 도시에 대한 공격으로 감행되었다.

보 응웬 지압 장군은 〈표1-4〉와 같은 3단계 공세계획을 수립하고, 총공세(군사적 수단)로 민중봉기(사회적 수단)를 유발하여 베트남공화국 붕괴와 남베트남 민족해방전선과의 연립정부 구성 등 정치적 목적[40]을 달성한 후, 군사적 수단으로 공산화 통일을 이룩한다는 전략에 따라[41] 베트남민주공화국의 군대와 베트콩들로 하여금 남베트남의 수도 사이공(현 호치민)과 중부지역의 고도(古都)인 후에(Hue)를 집중적으로 공격하도록 하였다.

베트남민주공화국의 정규군 및 베트콩의 35개 대대가 남베트남의 수도 사이공에 투입되어 대통령 관저, 남베트남군 사령부, 방송국, 미국 대사관을 집중적으로 공격하였다. 그 결과 베트남민주공화국의 전투군과 베트콩은 비록 6시간의 짧은 시간이었지만 미국 대사관과 방송국을 점거하였다. 베트남민주공화국의 전투군과 베트콩의 미국 대사관과 방송국의 점거는 TV 등을 통해 미국을 비롯하여 전 세계에 생생하게 보도되었다.

---

[39] 1967년 음력 12월 30일 새벽과 동년 음력 12월 31일 새벽에 일제히 대공세를 감행하였다. 최용호, 「베트남전쟁과 한국군(1)」(2001), pp.104-105.

[40] 정치적 목적은 베트남공화국 붕괴와 NLF와의 연립정부 구성, 미군 철수, 외부지원 차단 등이다.

[41] 유제현, 「越南戰爭」(1992), p.247.

〈표1-4〉 3단계 공세계획	
제1단계: 기만공세	○ 미군의 관심을 타 지역으로 전환시키고, 그 지역으로 미군의 증강 배치를 유도하기 위해 인구 밀집지역으로 부터 원거리에 있는 남베트남군의 진지에 공격을 가함. ○ 대규모 공세를 가하고 적절한 회피전술을 구사하여 작전을 장기화함. – 미국 언론에 대대적인 뉴스거리로서 피비린내 전투를 지속적으로 제공함.
제2단계: 총공격, 총궐기	○ 기만공세가 전개되는 동안 베트콩들을 도시 지역으로 은밀히 잠입시킴. ○ 전국에 잠입된 베트콩들은 일제히 공격을 개시하여 남베트남정부의 상징적인 행정관서, 경찰서, 방송국 등을 점령하고 남베트남정부의 붕괴와 더불어 연립정부의 수립을 선포하여 민중을 선동함. – 격렬한 반미감정의 표출과 미군 철수 유인
제3단계 군사적 총공격	○ 기만공세 후 북베트남군을 재편성함. ○ 미군 및 연합군의 철수 후 남베트남군의 저항 거점을 격파하고 무력통일을 달성함.

〈출처〉 유제현, 「越南戰爭」, 서울, 한원, 1992, p.249.

　　베트남 중부지역의 고도(古都)인 후에(Hue) 역시 베트남민주공화국의 10개 대대와 베트콩 6개 대대의 연합공격을 받아 26일간 점령당했다. 또 미군이 막강한 화력으로 방어했던 철벽같은 케산(Khe Sanh) 요새도 점령당했다. 케산 전투는 그 당시까지의 전사(戰史)상, 단일전투에서 가장 많은 화력이 소요된 화력전이었다.
　　이와 같은 구정 대공세의 전투로 인해 미군과 베트남공화국의 정부군, 베트남민주공화국의 정규군과 베트콩 모두 적지 않은 피해를 입었다.

예컨대, 미군 1,100명과 베트남공화국 정부군 2,300명이 전사했으며, 민간인 12,000명이 사망하였다. 베트남민주공화국의 정규군과 베트콩은 약 40,000명이 전사하였다.[42] 베트남민주공화국의 정규군과 베트콩은 그 다음 군사작전의 수행에 상당한 차질과 지장이 초래될 정도로 많은 장비와 물자를 소진하였다. 특히 베트콩은 막대한 인력의 손실로 심각한 타격을 입었다.

따라서 군사적 성과, 전력의 손실 등 군사적 관점에서만 보면, 구정 대공세는 베트남민주공화국의 정규군과 베트콩의 패배라고 평가할 수 있다.

그러나 구정 대공세 이후, 미국 사회의 반전 여론 조성 등을 주목해 보면, 결코 베트남민주공화국의 정규군과 베트콩의 패배라고만 평가할 수 없다. 왜냐하면, 베트콩의 사이공 공격 장면 및 미국 대사관의 점거 장면 등이 TV 등을 통해 전 세계에 보도되면서, 미국 시민들을 비롯한 전 세계의 많은 사람들이 세계 최강국 미국의 고전에 주목하게 되었고, '베트남전쟁의 승리를 낙관하기 어렵다'고 인식하기 시작하였기 때문이다. 게다가 미국, 유럽 등을 비롯한 자유우방세계에서 미국의 베트남전쟁을 비판하는 '반전 여론'이 조성되기 시작하였다.

---

42) 최용호, 「베트남전쟁과 한국군(1)」(2001), pp.105–106.

요컨대, 구정 대공세의 결과로 지구촌의 이곳저곳에서 미국의 베트남전쟁을 비판하는 반전 여론이 조성되기 시작한 점을 주목하면 결코 베트남민주공화국의 군과 베트콩의 패배라고만 평가할 수 없다. 즉, 정치심리전에서는 큰 성과를 거두었다고 평가할 수 있다.

미국 사회의 반전 여론과 미국 존슨 대통령의 평화협정 시사

TV를 통해 미국 사회에 생생하게 보도된 미국 대사관의 불타는 모습, 케산 전투에서 미군의 일방적인 패배 모습 등은 미국 사회에 커다란 충격을 주었다.

TV를 통해 전달된 베트남전쟁의 모습은 미국 시민들로 하여금 베트남전쟁에 대해 새롭게 인식하도록 하였고, 이는 미국 정부의 베트남 정책에 대한 미국 시민들의 비판으로 나타났다. 아울러 미국 사회에서 반전 여론이 조성되도록 하였다. 대학생들로부터 시작된 반전운동은 곧 미국 전역으로 확산되었으며, 유럽 등 국제사회로도 확산되었다.

이처럼 미국 사회에서 반전 여론 및 반전운동이 급속히 확산되자 미국의 존슨 정부는 베트남전쟁에 더 이상의 지원군을 파병하는 것이 어렵게 되었다. 즉, 미국의 존슨 정부는 베트남전쟁의 정책을 전면 수정하여야 했다.

따라서 미국의 존슨 정부는 1968년 3월 31일 성명을 통하여 북베트남 지역에 대한 폭격을 중지하는 조건으로 베트남민주공화국 정부에게 평화협정을 제안하였다. 아울러 베트남민주공화국의 우호국이며 지원국인 소련과 중국에게도 평화협상의 성사를 위해 외교적 지원을 요청하였다. 즉, 세계 최강국 미국은 전쟁이 아닌 협상으로 베트남 문제를 해결하겠다는 의사를 공개적으로 표명하였다.

린든 존슨(Lyndon B. Johnson) 대통령의 제의에 따라, 미국과 베트남민주공화국은 1968년 5월 10일에 파리에서 예비접촉을 가졌고, 동년 5월 13일에 제1차 본회담을 개최하였다.

그러나 제1차 본회담은 베트남민주공화국이 북위 17도 군사분계선 이북 지역에 대한 미군의 폭격을 전면 중지해 줄 것을 강하게 요구하였기 때문에 협상은 진척되지 못하고 결렬되었다. 평화협정을 위한 파리 제1차 본회담의 결렬 이후, 베트남민주공화국의 정규군과 베트콩의 총공세가 재차 전개되었고, 베트남전쟁의 지상전은 한층 가열되었다.

미국 닉슨 대통령의 등장과 '전쟁의 베트남화'

린든 존슨 대통령은 미국 대통령 선거를 앞두고 국내의 반전여론을 의식하여 1968년 10월에 북베트남 지역에 대한 폭격을 전면 중지하였다. 하지만 동년 11월 대통령 선거에서는 공화당의 리차드 닉슨(Richard M. Nixon)이 제37대 미국 대통령에 당선되었다. 정권이 교체되었고, 민주당 존슨 행정부의 뒤를 이어 공화당의 닉슨 행정부가 1969년 1월에 등장하였다.

닉슨 행정부의 등장 이후에도 미국 국내의 반전 여론은 여전히 높았다. 닉슨 대통령은 미국 국내의 반전 여론을 진정시키기 위해 데탕트 전략과 더불어 '베트남전쟁의 베트남화'를 추구하였다. 즉, 미국은 베트남전쟁에서 '미국이 패배했다'는 인상을 남기지 않으면서 미군을 단계적으로 감축시키고, 그 공백을 베트남공화국의 정부군을 증강시켜 메우는 전략을 추구하였다.

닉슨 대통령의 데탕트 전략과 '베트남전쟁의 베트남화' 전략 구상은 1969년 7월 25일 괌(Guam)에서 발표된 '닉슨 독트린'을 통하여 집약되어 나타났다.(〈표1-5〉 참조)

'닉슨 독트린'의 발표 직후, 베트남에 주둔하던 미국 지상군의 감축이 추진되었다. 제 1진 25,000명이 1969년 8월 말까지 철수되었고, 그 이후 단계적으로 지상군이 철수되었다. 1968년 말에 548,000명이던 미국 지상군의 병력은 1969년에 480,000명, 1971년에 156,000명으로 감축되었다. 1972년 말에는 29,655명으로 대폭 감축되었다.[43]

---

[43] 위의 책, pp.107-108.

〈표1-5〉 닉슨 독트린(1969.7.25)의 주요 내용

1. 미국은 앞으로 베트남전쟁과 같은 국지전에 군사적 개입을 피한다.
2. 미국은 아시아 여러 국가들과 맺은 조약에 나타난 공약을 모두 지키
   지만, 강대국의 핵 위협의 경우를 제외하고는 내란이나 침략에 대하
   여 아시아 각국이 스스로 협력하여 대처하여야 한다.
3. 미국은 침략을 받은 국가의 요구가 있을 때 적절한 군사적·경제적 원
   조를 제공한다. 그러나 미국은 직접 위협을 받은 국가가 자국 방어의
   1차적 책임을 다하기를 기대한다.
4. 핵보유국이 미국의 동맹국을 위협할 경우, 미국은 핵우산을 제공한다.

미국 지상군이 베트남에서 대폭 감축되면서 베트남전쟁은 소
위 '베트남전쟁의 미국화'에서 '베트남전쟁의 베트남화'로 전환
되었다.

베트남전쟁이 미국 주도에서 베트남화로 전환되면서, 베트남
공화국은 감축된 미군 지상군 병력을 보충하기 위해 정부군 병력
을 증강하였다. 베트남공화국의 정부군은 1968년 말에 약 82만명
의 병력으로 증강되었고, 1970년에 접어들면서 100만 대군으로
늘어났다. 또 베트남공화국의 정부군은 미군으로부터 상당한 무
기와 장비를 지원받아 전력의 질적 증강도 이루었다.

미군 등 연합군이 철수하면서 베트남전쟁은 '베트남민주공화
국·베트콩 VS 베트남공화국'의 대결로 전개되었다. 베트남공화
국의 정부군은 1970년 4월에 캄보디아의 영토 내에 설치된 북베
트남군과 베트콩의 은거지를 공격하였고, 라오스 영내에 설치된
'호치민 루트'도 공격하였다.

그러나 베트남공화국 정부군의 전투력에는 한계가 있었다. 급
조된 양적 증강이었기 때문에 '훈련 부족'에 따른 문제점들을 노
출하였다. 게다가 베트남공화국 정부군의 정신전력도 취약하였
다. '국가 수호' '자유주의체제 수호' 등을 위한 투혼과 의지도 취
약하였고, 정부 및 군 수뇌부의 부정부패, 남베트남 사회의 국론
분열, 정치사회적 불안정 등의 영향을 받아 사기도 매우 낮았다.

9. 파리평화협정과 미군철수

평화협상의 추진과 결렬

베트남공화국의 정부군과 베트콩 및 베트남민주공화국의 정
규군 사이에 치열한 공방이 전개되는 가운데, 다른 한편에서는
미국의 닉슨 행정부와 베트남민주공화국 정부는 비밀리에 평화
협상을 추진하였다. 즉, 베트남공화국의 사이공 정부를 '패싱
(passing)'하고, 미국과 베트남민주공화국 사이에 비밀 평화협상이
추진되었다.

미국의 닉슨 정부가 베트남공화국, 남베트남 민족해방전선
(NLF)의 참여를 양보함에 따라, 평화협정을 위한 회담은 미국과
베트남공화국의 '양자회담'에서 '미국·베트남공화국' VS '베트남
민주공화국·남베트남 민족해방전선(NLF)'의 4자회담으로 전환
되어 전개되었다.

〈표1-6〉 4자회담의 상호 쟁점

미국과 베트남공화국	○ 베트남민주공화국의 군대와 자유우방군의 동시 철수 ○ 쌍방 포로의 석방 ○ 국제 감시기구의 감독하에 총선 실시
베트남민주공화국과 남베트남 민족해방전선(NLF)	○ 미군 및 자유 우방군의 무조건 철수 ○ 남베트남의 외국 군대의 철수는 베트남민족의 자결 사항 ○ 선(先) 연립정부 구성(응웬 반 티에우 대통령의 퇴진), 후(後) 총선 ○ 포로교환과 미국의 배상문제간의 연계협의

〈출처〉 유제현, 「越南戰爭」, 서울, 한원, 1992, p.294

　　그러나 1969년 1월 파리에서 개최된 4자 평화회담은 양측의 견해 차이로 좀처럼 진전되지 못했다. 지지부진한 평화회담을 타개하기 위해 미국 닉슨 대통령의 헨리 키신저(Henry A. Kissinger) 안보담당보좌관과 베트남민주공화국의 레둑토(Le Duc Tho) 정치국원이 비밀접촉을 가지며 노력하였지만, 진전되지 못했다. 평화회담은 〈표1-6〉과 같은 쟁점의 차이만 확인한 채 성과를 거두지 못하고 막을 내렸다. 4자 평화회담이 결렬된 주요 요인은 베트남민주공화국의 하노이 정부가 불법단체로 간주해 왔던 베트남공화국의 응웬 반 티에우(Nguyen Van Tieu) 정부의 해체를 강하게 주장하였기 때문이었다.

　　4자 평화회담이 결렬된 이후에도 미국과 베트남민주공화국간

에는 헨리 키신저 대통령 안보보좌관-레둑토 정치국원을 중심으
로 평화협정의 체결을 위한 비밀협상이 진행되었다.

북베트남군의 춘계 대공세

평화협정의 체결을 위한 비밀협상에서 제외된 베트남공화국
의 응웬 반 티에우 정권은 내부적으로도 정치적 어려움을 겪어야
했다. 남베트남 사회에서는 응웬 반 티에우 정권에 비판적인 제3
세력[44]을 중심으로 반미평화운동이 적극적으로 전개되었고, 아
울러 정권 퇴진운동도 전개되었다. 즉, 친미반공성향의 응웬 반
티에우 정권은 반정부 단체들의 저항에 부딪혀 지지기반이 약화
되어 갔고 고립화도 심화되어 갔다.

따라서 베트남민주공화국은 평화협정의 체결을 통한 '단계적
공산화 통일'을 추진하면서도, 다른 한편에서는 남베트남의 정세
를 전략적으로 활용한 무력통일도 추구하였다.

베트남공화국은 1972년 3월, 무력통일을 위해 '춘계 대공세'를
감행하였다. 즉, 보 응웬 지압(Vo Nguyen Giap) 장군은 베트남민주
공화국의 15개 사단 가운데 12개 사단을 투입하여 대대적인 춘계

---

[44] '제3세력'은 응웬 반 티에우 정권에 비판적인 각계각층의 인사들이 포진해
있는 광범한 세력이고, 대표적 인물은 '전쟁'이 아닌 '민족화합과 화해'를 주
창하였던 즈엉 반 민(Duong Van Minh) 예비역 대장이다. 제3세력에는 다른
반정부단체와 마찬가지로, 북베트남과 남베트남 민족해방전선(NLF)의 적
지 않은 프락치들이 침투해 있었다. 제5장 참조.

공세를 감행했다.

이에 미국의 닉슨 대통령은 동년 4월 16일에 북위 17도선 이북의 북베트남에 대한 공중폭격을 선언하고, 북베트남의 수도 하노이까지 맹폭격을 가하였다. 북베트남 지역에 대한 미국 공군의 맹렬한 폭격으로 베트남민주공화국 군의 춘계 공세는 군사적 성과를 거두지 못한 채 한계에 부딪혔다.

그러나 베트남민주공화국 정규군의 악착같은 공격성은 베트남공화국의 정부군으로 하여금 전투에 대한 두려움을 갖게 하였다. 즉, 베트남민주공화국 정규군의 춘계 대공세는 군사적 성과는 미미했으나, 베트남공화국의 정부군으로 하여금 전쟁에 대한 공포심을 갖게 하고 전투를 기피하도록 하는 심리적 성과를 거두었다.

미군 철수를 위한 파리평화협정의 체결

베트남민주공화국 군의 지휘자들은 춘계 공세를 통하여 미군의 막강한 공중 지원이 있는 한 전쟁의 승리가 용이하지 않다는 전략적 판단을 하게 되었다. 게다가 그때까지 성역으로 간주해 왔던 하노이가 폭격을 당하자, 베트남민주공화국정부의 지도자들은 위기의식을 느끼며 미군의 존재를 새삼스럽게 전략적으로 재인식하게 되었다.

또 중국과 소련이 미국 공군의 하노이 폭격에 대해 형식적 수준의 외교적 비난에 그치자 베트남민주공화국의 지도자들은 당혹하였고, 국제 정세 및 강대국 정치에 대해 냉철하게 전략적으로 인식하여야 했다.

미국이 하노이를 비롯한 북베트남 지역에 대한 폭격을 감행할 수 있었던 전략적 배경은 데탕트 외교를 통해 중국과의 관계 개선, 소련과의 긴장완화 등 외교적 성과를 거두었기 때문이었다. 닉슨 대통령은 소위 '핑퐁 외교'[45]를 통해 중국에 접근하였고, 1972년 2월 21~28일에 중국을 방문하여 '하나의 중국'을 인정하였다. 이어서 닉슨 대통령은 동년 5월에 긴장완화를 위해 소련을 공식 방문하였다.

이와 같은 강대국들간의 전략적 이해관계와 국제정세를 파악한 베트남민주공화국 정부의 지도자들은 평화회담의 재개를 결정하였다. 평화협정을 위한 협상은 프랑스의 파리에서 1972년 7월부터 미국과 베트남민주공화국 간에 재개되었다. 즉, 평화협정을 위한 협상에서 '베트남공화국 패싱(passing)', 베트남공화국의 응웬 반 티에우(Nguyen Van Thieu) 정부는 배제되었다. 베트남공화국의 응웬 반 티에우 정부는 미국에 배신감을 느끼며 평화협정을 위한 협상의 전개에 강렬하게 저항하였다.

---

[45] 중국이 1971년 4월 미국의 탁구 선수단을 초청하였는데, 미국은 이에 응하였고 미국 탁구 선수단이 베이징을 방문하였다.

파리평화협정을 위한 협상은 베트남공화국의 응웬 반 티에우 정부의 강렬한 반대와 저항, 협상의 주요 내용을 둘러싼 미국과 베트남민주공화국의 이견 등으로 적지 않은 우여곡절을 겪었지만, 미국 닉슨 대통령의 헨리 키신저 안보보좌관과 베트남민주공화국의 레득토 정치국원의 노력에 의해 성사되었다.

마침내 1973년 1월 23일, 파리에서 '베트남에서의 전쟁종결과 평화회복에 관한 협력'(이하 파리평화협정)이 미국과 베트남민주공화국 사이에 가조인되었다. 이어서 동년 1월 28일, UN 사무총장이 참석한 가운데 미국, 베트남민주공화국, 베트남공화국, 남베트남공화국 임시혁명정부(Provisional Revolutionary Government, PRG)[46]의 4자 대표에 의해 정식으로 조인되었다.[47]

미국의 키신저 안보보좌관은 파리평화협정의 준수를 담보하기 위해 캐나다 · 이란 · 헝가리 · 폴란드 4국으로 '평화협정의 국제관리감시위원회(이하 국제관리감시위원회)'를 구성함과 더불어 서

---

[46] 남베트남공화국 임시혁명정부(PRG)는 남베트남 민족해방전선(NLF), 민족평화연합, 민족민주연합전선 등에 의해 1969년 6월에 수립된 임시혁명정부이다. 임시혁명정부는 남부 베트남 지역의 주민들의 폭넓은 지지를 확보하였고, 이를 기반으로 국제사회에서도 남부 베트남 지역의 정치세력으로 인정을 받았다. 남베트남 민족해방전선(NLF)이 임시혁명정부의 핵심 주도세력이다.

[47] 파리평화협정의 서명 대표는 미국 국무장관 William, 월남 외무장관 Tran Van Lam, 월맹 외무장관 Nguyen Duy Trinh, 임시혁명정부(PRG) 외무장관 Nguyen Thi Binh이었다.

〈표1-7〉 파리평화협정의 주요 내용

■ 조인후 60일 이내 베트남 주둔 미군의 철수
■ 전쟁포로의 송환
■ 현재 상태에서 정전
■ 남베트남에서 베트남공화국(越南)과 베트남남부공화임시혁명정부
  (PRG) 간의 연합정부 조직을 위한 협의
■ 정치범 석방

명에 참여하도록 하였고,[48] 영국·프랑스·소련·중국에게도 서명
에 참여하도록 하였다. 즉, 파리평화협정은 미국, 베트남민주공화
국, 베트남공화국, 남베트남공화국 임시혁명정부(PRG)가 조인하
고, 국제관리감시위원회의 캐나다·이란·헝가리·폴란드, 그리고
영국·프랑스·소련·중국 등 강대국이 담보하고 보증하는 형식으
로 이루어졌다.

〈표1-7〉과 같은 내용의 파리평화협정은 1973년 1월 28일부
터 발효되었고, 그에 따라 미군을 비롯한 한국군 등 외국 군대가
철수하기 시작하였다. 베트남에 주둔한 미군의 철수는 1973년 3
월 26일에 완료되었고, 한국군은 1973년 3월 23일에 철수를 완료
하였다.

---

[48] 캐나다, 이란, 헝가리, 폴란드 4국과 베트남민주공화국의 군인 150명의 연
락단이 사이공의 국제관리감시위원회 본부에 파견되어 국제관리감시위원
회의 감시 기능을 지원하였다. 하지만 이를 일종의 인질로 볼 수도 있다.

10. 파리평화협정과 제3차 베트남전쟁
(1974.10.-1975.4.)

파리평화협정의 함정

미국은 '파리평화협정'의 체결을 통하여 전쟁을 종식시키고 평화를 추구하려 했지만, 평화협정을 통한 평화추구는 현실과 동떨어진 오판이었다.

파리평화협정의 서명 당사자는 미국, 베트남민주공화국, 베트남공화국, 남베트남공화국 임시혁명정부(PRG)였다. 베트남의 남과 북으로는 '베트남민주공화국 VS 베트남공화국'간의 협정이었고, 남베트남 지역내에서는 '베트남공화국 VS 남베트남공화국 임시혁명정부(PRG)' 간의 협정이었다. 즉, 베트남공화국이 불리한 조건인 '2:1'의 평화협정이었다.

게다가 파리평화협정의 준수를 담보하기 위해 조직된 국제관리감시위원회는 강제수단이 없는 유명무실한 기구였고, 영국·프랑스·소련·중국의 담보 및 보증 서명도 효력이 거의 없었다. 즉, 파리평화협정은 미국·베트남민주공화국·베트남공화국·남베트남공화국 임시혁명정부가 조인하고, 국제관리감시위원회의 캐나다·이란·헝가리·폴란드 등 4국이 담보하며, 영국·프랑스·소련·중국 등 강대국이 보증한 국제문서였지만, 그 효력에는 한계를 노출하였다.

북위 17도 군사분계선 이남의 남베트남 지역에서는 베트남공화국과 남베트남공화국 임시혁명정부 사이에 국지전이 여전히 지속되었다. 남베트남 지역 내에서 베트남공화국과 남베트남공화국 임시혁명정부는 각기 지배지역을 확장하기 위해 치열한 국지전을 전개하였다.

이처럼 파리평화협정의 체결 이후, 베트남공화국은 남베트남공화국 임시혁명정부와의 국지전에 시달리면서 경제적, 정치적으로도 어려움을 겪어야 했다. 파리평화협정의 체결 이후의 상황을 살펴보면, 베트남공화국은 남베트남에 주둔하였던 미군, 한국군 등 외국 군대가 철수하면서 전반적인 국방력이 약화되었고, 미국의 원조가 격감하면서 경제상황도 매우 악화되었다. 특히 원조경제의 약화는 시장경제를 위축시켜 서민생활을 한층 어렵게 하였을 뿐 아니라, 서민경제의 악화는 사회적 불안과 반정부 시위로 이어졌다. 반정부시위는 공산 프락치들의 침투공작에 의해 응웬 반 티에우(Nguyen Van Thieu) 정권의 타도운동으로 유도되었다.

또 베트남공화국 정부의 부정부패, 남베트남 민족해방전선(NLF)의 정치공작에 의한 반정부 세력의 확산 등은 전쟁에 대한 비관적 전망이 확산되도록 하였고, 이는 경찰·군대 등 주요 고위직 인사들이 북베트남을 위해 스파이 활동을 하게 되는 정치사회적 환경이 되었다.

그러므로 평화협정에 기반한 베트남공화국의 안보는 안팎으로 도전을 받으며 언제 꺼질지 모르는 '바람 앞의 등불'처럼 매우 취약하였다. 즉, '힘의 우위'를 기반으로 하지 않은 평화협정, 아울러 국민 통합과 국론 결집을 바탕으로 하지 않은 평화협정은 매우 취약하였고 한계를 나타내었다.

베트남민주공화국의 총공세와 제3차 베트남전쟁의 전개

베트남민주공화국의 지도부는 파리평화협정으로 미군이 철수하자 적극적인 정치공작으로 베트남공화국의 응웬 반 티에우 정권의 고립화를 추구하였다. 즉, 남베트남공화국 임시혁명정부는 남베트남 내의 지배지역을 확장하기 위해 국지전을 끊임 없이 도발하였고, 남베트남 민족해방전선은 경찰·군대 등 주요 행정부서 내의 동조자들을 포섭하는 한편, 최대의 반정부 단체인 '제3세력'의 반전평화운동 등을 막후에서 지원하며 응웬 반 티에우 정권의 지지기반의 약화, 고립화 등을 추구하였다.

그 결과 응웬 반 티에우 정권은 '내부의 적'들에 의해 흔들리기 시작했고, 사회불안, 국론분열, 정치불안 등으로 매우 취약해졌다. 베트남민주공화국의 지도부는 이 틈을 놓치지 않고 1974년 10월에 베트남공화국에 대한 총공세를 결정하였다. 즉, 제3차 베트남전쟁이 시작되었다.

구분		병력수	편제 및 장비
월남	계	1,100,000	11개 보병사단, 공수사단
	정규군	573,000	공군 및 해군, 해병대 전차 600대, 장갑차 1,200대
	지방군, 민병대	527,000	항공기 1,270대, 헬기 500대 함정 1,500척
월맹과 베트남 민족전선	계	1,000,000	15개 보병 사단
	정규군	470,000	전차 및 장갑차 600대 항공기 342대
	베트콩, 기타	530,000	

〈표1-8〉 평화체결 당시, 베트남공화국과 베트남민주공화국의 군사력 비교

〈출처〉 최용호, 「베트남전쟁과 한국군」(2004), p.115.

1973년 1월 파리평화협정의 체결 당시, 베트남민주공화국과 베트남공화국의 군사력은 〈표1-8〉에 나타난 바와 같이 양적으로 보면 거의 비슷한 수준이었다. 오히려 육군·공군·해군·해병대의 체계적인 편제와 더불어 해군력, 공군력은 베트남공화국이 훨씬 우위였다. 당시 베트남공화국의 공군력은 세계 4위였다. 또 미군이 철수하면서 당시 화폐로 약 10억 달러 정도의 우수한 장비들을 넘겨주었기 때문에, 베트남공화국의 객관적 전력(戰力)은 베트남민주공화국보다 훨씬 우위였다.

그러나 군의 사기 등 정신전력은 베트남민주공화국이 베트남공화국보다 월등하게 강하였다. 게다가 ▲베트남공화국의 사회 불안, 정치 불안, 부정부패, 국론 분열, 패배의식의 확산, ▲북베트남 스파이들의 정부 주요 요직의 침투, ▲미국의 지원 삭감에 따른 장비 운용의 재정력 약화 등을 고려하면, 베트남민주공화국의 총체적 전력이 베트남공화국보다 비교하기 어려울 정도로 질적으로 강하였다고 평가할 수 있다.

그러므로 베트남노동당의 지도부는 '미국의 재개입만 없으면 승리할 수 있다'고 판단하고 1974년 7-9월에 총공세 계획을 수립하였으며, 동년 10월에 총공세를 결정하였다.[49] 베트남민주공화국의 군은 총공세에 앞서, 베트남공화국의 전초기지에 대해 공격을 개시하였고, 이어 1974년 12월에는 베트남공화국의 2개 사단에 대해 시험공격을 하였다. 그 결과 베트남공화국의 2개 사단이 예상 외로 무기력하게 무너졌다.

이에 베트남민주공화국의 지도부는 베트남통일전쟁의 승리를 확신하였다. 베트남민주공화국의 지도부는 1975년 3월 25일, '우기가 시작되기 전, 즉 5월 중순까지 사이공을 함락할 수 있다'는 전략적 판단을 내리고, 남베트남의 수도 사이공 함락을 위한 총공세에 착수하였다. 베트남민주공화국의 17개 사단[50]과 수 만대의 차량이 베트남공화국의 수도 사이공을 향해 남진하였고, 동년 4월 26일부터 사이공 함락을 위한 총공세가 시작되었다.

---

[49] 유제현, 「越南戰爭」(1992), p.383.

[50] 16개 사단과 특공사단, 특공사단은 각 군단에 배속되어 사이공 시내에 사전침투의 임무를 수행.

11. 수도 사이공의 함락과 베트남공화국의 패망
(1975.4.30)

베트남민주공화국의 지도부가 베트남공화국의 수도 사이공에 대한 총공세를 결정할 즈음, 남베트남에서는 베트남 주재 미국인들의 철수가 시작되었다. 베트남민주공화국의 군대가 사이공을 향해 이동하며 포위망을 죄어오자 사이공은 미국인 등 외국인들의 철수와 더불어 점점 위기의 혼돈 속으로 빠져들었다.

이와 같은 상황에서 베트남민주공화국의 지도부와 남베트남공화국 임시혁명정부(PRG)의 지도부는 사이공에 대한 포위망을 강화하면서, 다른 한편에서는 연립정부의 구성을 주장하며 ▲베트남공화국의 응웬 반 티에우(Nguyen Van Thieu) 대통령의 사임, ▲제3세력의 리더, 즈엉 반 민(Duong Van Minh) 장군에게 대통령직 위임 등을 전쟁 중단의 핵심 조건으로 협상을 제시하였다.

그런데 베트남민주공화국의 지도부가 제시하는 협상은 위장된 전술적 차원의 협상이었다. 당시 베트남민주공화국에 침투해 있던 미국 중앙정보부(CIA)의 정보원은 '협상은 위장전술이고, 연립정부의 구성도 허구'라는 정보를 보내왔다. 아울러 그는 '호치민의 생일인 5월 19일 이전에 사이공을 함락시키는 계획을 추

진하고 있다'는 정보도 보내왔다.[51]

당시 베트남민주공화국의 지도부는 이미 남베트남을 점령한 후에 행정을 담당할 요원까지 양성하는 등 점령통치를 준비하고 있었다.

하지만 베트남민주공화국의 지도부는 헝가리, 소련, 프랑스, 베트남공화국 임시혁명정부(PRG) 등을 통하여 즈엉 반 민 장군이 대통령이 되면 협상이 가능하다는 위장전술을 계속해서 펼쳤다. 이와 같은 베트남민주공화국의 위장전술은 주효하였다. 즉, 패배의식에 빠진 베트남공화국의 사회지도층은 응웬 반 티에우 대통령이 사임하고 즈엉 반 민 장군이 집권하면 협상이 가능할 것이라고 착각하게 되었다.

사면초가에 몰린 응웬 반 티에우 대통령은 마침내 1975년 4월 21일 사임하고, 동년 4월 25일 밤에 망명처인 타이완(臺灣)으로 떠났다.[52] 이후 미국인 등 외국인들, 베트남공화국 정부의 주요 관료 및 그 가족 등의 철수는 가속화되었다. 사이공의 철수 분위기가 짙어지면서 베트남계 은행, 외국계 은행이 거의 문을 닫았고, 민심은 흉흉해졌다.

그리고 베트남공화국의 대통령직은 부통령이 잠시 직무대행

---

51) 유제현, 「월남전쟁」(1992), p.443.

52) 응웬 반 티에우 대통령은 미국의 배신을 맹비난하며 사임연설을 마쳤다.

을 하였지만, 베트남민주공화국과 남베트남공화국 임시혁명정부
(PRG)의 요구대로 곧바로 반전평화주의자인 즈엉 반 민 장군에게
이양되었다. 1975년 4월 28일에 취임한 즈엉 반 민 신임 대통령은
위기상황을 평화적으로 해결하기 위해 즉시 베트남민주공화국의
지도부와 남베트남공화국 임시혁명정부에게 연립내각의 구성 등
을 제시하며 협상을 시도하였다.

그러나 즈엉 반 민 신임 대통령의 협상 제안은 회신도 없이 무
시당했다. 오히려, 베트남민주공화국과 남베트남공화국 임시혁
명정부의 사이공 함락을 위한 총공격이 한층 강화되었다. 베트남
공화국의 7개 사단이 방어에 사력을 다했지만, 수도 방어선은 무
너지기 시작했다. 게다가 베트남공화국의 총참모장 카오 반 비엔
(Cao Van Vien) 장군이 즈엉 반 민 장군의 대통령 취임식 날, 즉
1975년 4월 28일에 미국 대사관을 통하여 사이공을 탈출하면서
군의 사기는 급속도로 저하되었다.

사이공은 함락 위기에 처해졌고, 베트남공화국의 고위 관료와
가족들, 외국인들의 탈출은 한층 가속화되었다. 미국인의 사이공
탈출은 미국 대사관의 경비를 담당하였던 미국 해병대가 1975년
4월 30일 오전 7시경에 헬기를 이용하여 철수하면서 완료하였다.
이때 교민철수를 위해 고군분투하였던 당시 주(駐)베트남 한
국대사관의 이대용 공사는 헬기에 탑승하지 못해 체포되었다. 이
대용 공사는 악명 높았던 치화 형무소에 5년간 수감되어 모진 고

초를 겪었지만, 북한의 회유에 넘어가지 않고 끝까지 버티었다.[53]

베트남민주공화국 군대의 사이공 함락을 위한 총공세가 강화되고 연립내각의 구성 등의 협상에 대한 회신이 없자, 즈엉 반 민 대통령은 마침내 더 이상의 저항을 포기하고 1975년 4월 30일 오전 10시 20분경에 라디오 방송을 통하여 무조건 항복을 발표하였다. 즉, 남베트남공화국 임시혁명정부를 통하여 베트남민주공화국과의 협상을 시도하던 즈엉 반 민 대통령은 베트남민주공화국 군대의 총공세 앞에서 협상의 진전이 없자 어쩔 수 없이 무조건 항복을 선언하였다.

즈엉 반 민 대통령의 항복 선언 직후, 베트남민주공화국 군대의 T-34 전차가 대통령의 집무실과 관저가 있는 독립궁의 철문을 밀치고 진입하였다. 함께 독립궁에 난입한 베트남민주공화국 군대의 병사와 베트콩의 여성 게릴라는 베트남공화국기를 내리고 남베트남공화국 임시혁명정부기를 게양하였다.

또 베트남공화국 공군 내에 첩자로 침투해 있던 공군 조종사 응웬 타잉 쭝(Nguyen Thanh Trung)은 전투기로 독립궁을 공격하

였다.[54]

　한편, 베트남공화국의 총참모부에는 지휘관들이 거의 탈출하였기 때문에 항복선언 직후, 전(全) 베트남공화국의 군대에게 항복명령을 내릴 군 지휘관이 없었다. 단 1명의 응웬 휴 하잉(Nguyen Huu Hanh) 준장(准將)만이 남아 있었다. 총참모장을 대신하여 응웬 휴 하잉 준장이 베트남공화국의 군대에게 무기를 버리고 항복하라는 명령을 하달하였는데, 그는 나중에 밝혀졌지만, 남베트남 중앙국(COSVN)에 포섭된 베트남민주공화국의 첩자였다.[55]

　항복 선언 직후 즈엉 반 민 대통령은 각료들과 함께 체포되었고, 베트남공화국은 패망하였다. 1955년 10월 25일 건국된 베트남공화국(the Republic of Vietnam)은 베트남민주공화국의 무력통일에 의해 1975년 4월 30일에 역사 속으로 사라졌다.

　이후 베트남민주공화국은 국가통합에 착수하였다. 베트남민주공화국은 1년여 만에 남베트남공화국 임시혁명정부(PRG), 남베트남 민족해방전선(NLF) 등을 무력화시키고, 1976년 7월 2일에 베트남통일국가인 '베트남사회주의공화국(the Republic Socialist Vietnam)'을 수립하였다.

54) 제5장의 "6. 대통령궁을 폭격한 남베트남의 공군 조종사 응웬 타잉 쫑" 참조.

55) 유제현, 「월남전쟁」(1992), p.459와 제5장의 "5. 군부의 스파이, 베트남공화국 총참모장의 보좌관 응웬 휴 하잉 준장" 참조.

제 2 장 베트남민주공화국의 통일전선전술과 민족통일전선 그리고 남베트남 내 거점 확보 및 투쟁

Pham Hong Thai

1. 민족통일전선의 발전과 특징

세력결집을 위한 민족통일전선 결성

베트남노동당은 창당 이래 '혁명은 군중의 사업'이라는 이념과 호치민의 '대단결' 사상을 견지해 왔다. 따라서 베트남노동당은 조국의 독립을 위해 모든 민족·민주 세력들이 하나의 민족통일 전선으로 단결해 외세의 침략에 맞서야 한다고 주장하였고, 민족 해방을 위한 혁명의 과정에서 결집된 군중들을 민족통일전선으로 조직화하였다. 즉, 베트남노동당은 베트남의 각 계층, 계급, 정파, 종교단체 등을 포괄하는 베트남민족통일전선을 결성하였다.

원래 민족통일전선은 인도차이나공산당(베트남노동당의 전신)에 의해 인도차이나 반제민족통일전선이 1939년에 결성되면서부터 등장했다. 베트남인들의 민족해방과 독립을 위한 투쟁이 공산주의자들을 중심으로 확산되면서 다양한 민족통일전선이 차례로 생겨났다. 1941년 5월에 설립된 베트남독립동맹(Viet Minh, 베트민 혹은 월맹)은 최초로 베트남이라는 용어를 사용한 민족통일전선이다.

베트남이라는 이름 속에는 프랑스에 대적하고 일본을 몰아내기 위한 베트남인의 민족의식이 포함되어 있다. 해외 거주 베트남인들도 베트남민족전선의 식민제국주의 타도, 민주적이고 평화적이며 통일된 국가 건설을 위한 활동에 적극 협력하였다.

제2차 대전이 끝난 후, 민족통일전선은 남북 베트남의 분단 상황에서 베트남전쟁을 승리로 이끌고, 나아가 분단 베트남을 하나로 통일시키는 데 아주 중요한 역할을 담당하였다.

민족통일전선의 발전

프랑스는 1945년 9월 베트남민주공화국이 수립된 이후에도 군사력을 이용하여 베트남에 대한 재지배권을 찾고자 했다. 이에 베트남민주공화국은 무력투쟁을 펼치며 항거하였고, 프랑스에 항거하는 베트남민주공화국의 투쟁과정에서 민족통일전선은 더

욱 발전하였다. 베트남민주공화국은 1951년 3월 베트남통일대회
와 베트남국민연합회를 개최하고 각 정파, 계층, 종교 대표자들
이 참여한 가운데 베트남인민연합전선을 결성하였다. 베트남인
민연합전선은 프랑스에 대한 무장투쟁을 전개하면서 베트남 인
민들의 지지를 이끌어냈다.

베트남민주공화국은 제1차 베트남전쟁, 즉 베트남-프랑스 전
쟁을 종식시키는 1954년 디엔비엔푸 전투[56]에서 승리하였고, 이
를 계기로 1954년 7월에 제네바협정을 체결하였다. 제네바협정
의 체결에 의해 베트남은 북위 17도선을 군사분계선으로 하는 분
단 상황을 맞이하게 되었지만, 베트남민주공화국은 1956년 7월
남북 베트남의 통일선거를 통한 통일정부의 수립을 기대하였다.
즉, 베트남민주공화국은 선거를 통한 공산혁명의 달성을 기대하
였다.

그러나 남베트남의 베트남공화국이 국제기구의 감시 아래 치
러지는 통일선거를 거부함에 따라 통일선거는 실현되지 못하였
다. 1955년 10월 26일에 수립된 베트남공화국은 통일선거에서의
열세를 고려하여 '제네바협정의 당사자가 아니다'라는 점을 내세
워 통일정부 구성을 위한 총선거를 거부하였다.

남북베트남의 통일선거가 무산되자, 베트남민주공화국과 공

---

[56] 1954년 3월 13일부터 5월 7일까지 베트남 북부의 디엔비엔푸 지역에서 프
랑스군과 북베트남군간의 전쟁이다.

산주의자들은 통일의 역량을 한층 결집하기 위해 1955년에 하노이에서 전(全)베트남연합전선대회를 개최하고, 베트남조국전선의 결성 및 베트남인민연합전선의 사업 계승 등을 결정하였다.

그러나 제네바협정 이후, 분단된 베트남에서는 민족해방과 통일을 위한 혁명사업이 남북베트남 각각의 지역별 특성에 따라 다르게 전개되었다. 즉, 각기 다른 지역별 사업의 특성으로 인해 베트남인민연합전선의 사업 계승에 차질이 빚어졌고 민족통일전선의 사업과 성격, 구성도 각 지역마다 다르게 요구되었다.

따라서 베트남노동당 중앙위원회는 당 지도 하에서 평화적, 독립적, 민주적이고 부강한 통일베트남을 건설하겠다는 베트남조국전선의 목표를 동일하게 유지하되, 명목상 베트남조국전선에 속하지 않는 남베트남만의 민족통일전선의 조직 결성을 결정하게 되었다.

그 결과 '남베트남 민족해방전선(Nation Liberation Front, NLF)'이 1960년 12월 20일에 설립되었다. 남베트남 민족해방전선은 각 정파, 각계각층의 다양한 사회단체 등을 결집시켰고, 미국 제국주의와 응오 딘 지엠 독재정권의 타도, 진보적·중립적·민주적·평화적인 통일베트남의 건설 등 기초 내용을 포함한 10개 항의 정치강령을 채택하였다. 남베트남 민족해방전선은 남부지역, 특히 농촌과 산림 지역에서 다양한 네트워크 조직을 신속하게 구축하며 세력을 확산해 나갔고, 미국과 남베트남 정부에 대항하는 하나의 통일된 전선으로 발전하였다.

그러나 남베트남의 대도시, 특히 사이공 지역에서는 그 세력을 결집시키기 위한 활동이 매우 어려웠다. 따라서 베트남노동당 중앙위원회 제14차 회의에서는 다음과 같은 사항을 긴급하게 결정하였다.

"… 남베트남 민족해방전선 이외의 두 번째 전선을 설립한다. 남베트남 민족해방전선의 정치강령보다 더 광범위한 강령에 적합한 이름을 짓는다. 이 두 번째 전선은 남베트남 민족해방전선과는 다른 독자적인 태도를 취할 것이다. 그러나 남베트남의 독립, 주권, 민주, 평화, 중립을 위해 투쟁하고자 하는 모든 사람들 및 남베트남 민족해방전선과 연합할 것을 선포한다 … "

베트남노동당 중앙위원회의 결정에 따라 1968년 4월 20일 '베트남 평화·민족·민주세력 연합체'가 결성되었다. 베트남 평화·민족·민주세력 연합체는 도시의 학생, 지식인, 종교인, 상공업자, 민주인사 등과 결합하여 남베트남 정부와 미국에 대항하는 조직체가 되었다. 베트남조국전선, 남베트남 민족해방전선, 베트남 평화·민족·민주세력 연합체는 남베트남의 해방과 민족통일이라는 공통의 목적을 위해 긴밀히 협조하며 투쟁을 전개하였다. 이후 1975년 4월 베트남이 통일될 때까지 민족통일전선의 조직들은 투쟁의 주도적 세력이 되었다.

민족통일전선의 특징

제2차 베트남전쟁이 치러지는 동안 베트남노동당이 주도한 민족통일전선의 특징은 다음과 같다.

첫째, 다른 정파들 또는 단체들과는 달리 민족통일전선은 광범위한 군중의 집합체로서 계급, 당파, 종교, 성별, 나이에 따른 차별 없이 민족의 권리와 대중의 뜻을 대표하였다. 이는 세력 결집 및 세력 확산의 가장 중요한 원동력이 되었다.

둘째, 민족통일전선은 베트남 민족의 협력과 단결의 정신을 기반으로 구축되고 확대되었다. 민족통일전선의 목표는 계급 타도를 위한 투쟁이 아니라 외세의 지배로부터 민족 해방과 통일을 위해 투쟁하는 것이었다. 이러한 정신은 과거 봉건시대 관리들과 베트남공화국의 관료들을 포함한 모든 베트남 사람들로 하여금 민족해방과 독립을 위해 함께 투쟁하도록 하는 기반이 되었다. 이른바 '민족대단결'의 정신이다.

셋째, 민족통일전선은 일시적인 전술이 아니라 베트남 혁명의 장기적 수준의 전술이었다.[57] 민족통일전선은 베트남노동당이 민족해방을 위한 투쟁에서 일관되게 유지한 전술이다.

---

[57] 민족통일전선의 설립은 민주, 민족 혁명의 중요한 목표일 뿐만 아니라, 통일 이후의 새로운 사회주의 건설에도 중요한 장기적 목표였다.

2. 남베트남의 거점 설립

남베트남 지역의 거점들은 베트남전쟁 기간 내내 남베트남의 공산화를 위한 기본적인 활동을 수행하는 데 매우 중요한 역할을 하였다. 따라서 베트남노동당은 남베트남 지역의 거점 구축을 위해 상당한 전략적 노력을 기울었다.

베트남–프랑스 전쟁 시기의 공산주의자들을 중심으로 거점 구축

베트남노동당은 민족통일전선의 조직을 빠르게 구축하기 위하여 베트남–프랑스 전쟁시기의 항쟁 기반들을 활용하였고, 아울러 그 시기에 활동하였던 공산혁명의 간부들을 조직화하였다.

과거 공산혁명 간부들의 조직화가 이루어진 직후, 남베트남민족해방전선(NLF)은 활동을 통해 남베트남의 중앙부터 지방까지 민족통일전선의 조직을 빠르게 구축하였다. 중앙에는 전선중앙위원회가 조직되었고, 각 지방에는 싸(xa), 촌(thon)[58]까지 전선위원회가 구축되었다. 마침내 남베트남 지역의 41개 성 가운데 38개의 성에서 전선위원회가 조직되었다. 전선위원회는 예비행

---

[58] 싸는 민족통일전선의 기반인데, 한국의 면에 해당하는 행정단위이다. 촌은 그 이하이다.

정조직으로서 임무를 담당하였다.

그리고 1964년 제2차 전국민족해방전선대회가 개최되었을 때 중앙군사부, 정보부, 문화부, 교육부, 외교부, 재정경제부, 보건부, 보안부, 해방지역관리부, 통신부와 같은 부서들이 전선중앙위원회 산하에서 조직되었다. 이와 같은 민족통일전선의 조직체계는 베트남공화국의 탄압에도 굴하지 않고 1968년부터 점차 공고해졌다.

민족통일전선의 조직들은 제2차 베트남전쟁의 시기에 민족해방 및 통일운동을 주도하며 남베트남 내에서 공산혁명 세력의 영향력이 확산되는 데 거점 역할을 하였다. 아울러 민족통일전선의 조직들은 북부에서 남부까지, 중앙에서 지방까지 베트남노동당의 지시를 이행하기 위한 네트워크의 기능을 하였다.[59]

다양한 영역 및 분야에서 사회단체 설립

민족통일전선은 남베트남에서 자신의 영향력을 강화하고 확산시키기 위해 산하에 다양한 사회단체를 설립하거나 또는 외부의 조직을 동원하여 시너지 효과를 추구하였다.

---

[59] 남베트남의 각 해방지역에서는 남베트남 민족해방전선과 베트남노동당의 정치권력이 상호 교차하며 존재하였지만, 이는 베트남노동당의 주도 아래 진행된 조직 전략의 한 형태였다.

남베트남 민족해방전선의 설립 이후, 남베트남 민족해방전선에 의해 설립, 포섭, 합류한 단체는 정치, 군사, 종교를 포괄하여 20곳이 넘는다. 대표적인 단체로는 '학생해방연합회(1961.1.)', '남베트남민주당(1961.1.)', '베트남 조국의 독립·통일·평화를 위한 투쟁협회(1961.1.)', '해방농민회(1961.2.)', '남베트남인민해방군(1961.2.)', '여성해방 연합회(1961.3.)', '호아하오교 진흥회(1961.3.)', '애국카톨릭신도모임(1961.4.)', '청년해방회(1961.4.)', '남베트남 민주애국 기자회(1961.11.)' 등이 있다.

또 민족통일전선은 1968년 4월에 '민족민주평화세력연맹'을 결성하였다. 민족민주평화세력연맹은 남베트남의 수도 사이공에서 각계각층별로 혁명세력을 확산시키는 활동을 펼쳤다. 이후 민족통일전선은 몇 해에 걸쳐 남베트남의 다양한 사회단체들, 제3세력 내의 많은 조직들을 자신의 세력권내로 끌어들였다. '민족자결운동', '생활권을 요구하는 여성운동', '형무소 개선위원회', 각 대학의 총학생회, 불교단체, 지식인 단체 등이 여기에 포함된다.

이 밖에도 남베트남 민족해방전선의 선전기관인 '해방통신사', '해방신문', '해방라디오' 등이 수십 개의 중앙 및 지방 언론과 함께 남베트남 사회의 각계각층을 대상으로 민족해방 및 공산혁명을 전파하고 홍보하였다. 동시에 이 선전기관들은 국제사회의 여론기관을 대상으로 민족통일전선의 사상과 가치 등을 홍보하며 위상을 높였다.

유연하고 전략적인 조직과 활동의 변화

남베트남 지역의 반미항쟁이 베트남노동당의 지침에 따라 통일되고 체계적인 활동을 전개하기 위해서는 지역의 거점 설립 및 강화가 필요했다. 특히 1960년 12월에 남베트남 민족해방전선이 결성된 이후, 세력유지의 방어전략이 적극적인 공세전략으로 전환되면서 체계화된 거점의 구축은 필수적이었다. 주요 지역에 체계화된 거점이 구축되지 않은 상태에서 적극적인 공세전략이 전개되기는 현실적으로 어렵기 때문이다.

또 주요 지역의 거점을 기반으로 공세적 활동이 적극적으로 전개될 때, 남베트남의 대중들이 베트남노동당과 민족통일전선의 존재를 명확하게 인식하게 되고, 아울러 남베트남에서 베트남노동당의 주도 아래 해방과 통일을 위한 혁명이 전개되고 있음도 알 수 있게 되기 때문이다.

그러나 거점의 설립 및 강화는 쉽지 않았다. 왜냐하면, 베트남노동당의 선전과 대중 규합에는 적지 않은 장애물이 존재하였기 때문이다. 직면한 문제는 북베트남의 집권당인 베트남노동당이 남베트남의 민족해방 및 통일혁명을 실질적으로 이끌고 있는 것에 대한 인식의 문제였다. 즉, 남베트남의 혁명사업에 대한 베트남노동당의 지도를 남베트남의 내부 활동에 대한 북베트남의 간섭으로 보는 비판적인 인식이 문제였다. 이와 같은 비판적이고 부정적인 인식은 베트남민주공화국의 베트남공화국 정부에 대한 투쟁, 국제사회의 지지를 얻기 위한 베트남민주공화국의 외교활동 등에 차질이 빚어지도록 하였다.

따라서 베트남노동당의 지도부는 남베트남의 정치적 환경에 맞추어 활동방식과 조직체계를 바꾸는 등 유연하게 대응하였다. 베트남노동당은 1961년 1월, 남부 당위원회의 이름을 베트남인민혁명당으로 바꾸고 '베트남인민혁명당은 노동자 계급과 베트남 남부의 노동자, 동시에 국가를 사랑하는 남부 베트남 모든 국민의 당이다'라고 강조하였다. 이어 전체 조직체계를 재구성하였다.

이와 같은 변화된 조직체계는 언론의 선전활동을 이용하여 거점 구축을 원활하게 진행하였다. 특히 미국에 대항하여 국가를 구한다는 대의명분 아래 민족통일전선이 확대되면서 각 거점세력들이 견고하게 구축되었다. 각 거점들은 남베트남에서 베트남민주공화국의 지침과 정책이 이행되는 데 전략적 기반이 되었다.

3. 민족통일전선을 통한 세력 증강

민족통일전선의 공고화 과정에서 베트남민주공화국의 역량은 군사, 정치, 외교의 각 분야에서 지속적으로 증강되었다.

남베트남 인민해방군의 창설과 세력 확장

군사분야에서는 남베트남의 민족해방전선을 중심으로 신속하게 무장세력을 만들었다. 제네바협정(1954.7.)에 따라 남베트남의 대부분 공산주의자들이 북베트남으로 넘어갔지만, 남베트남에는 여전히 친미반공 세력인 응오 딘 지엠 정권에 비판적인 농민, 노동자들을 중심으로 한 저항세력이 형성되어 있었다. 이들 저항세력을 규합한 무장세력이 1961년 2월 5일에 '베트콩'으로 불리는 남베트남 인민해방군으로 창설되었다. 남베트남 인민해방군은 주력군, 지방군, 민병대로 조직되었는데, 중앙사령부를 중심으로 성-현-싸[60])까지 지휘체계가 확립되었다.

그리고 베트남민주공화국의 국방부와 중앙군사위원회는 5개년 군사계획(1961-1965)에 따라 베트콩들이 점령한 소위 '해방구'에서부터 게릴라 부대를 집중적으로 편성하였다. 인민해방군의 창설 2년차인 1963년에는 26,000명의 청년들이 인민해방군에 지원하였다. 이들 청년들은 공산혁명을 위한 소양 교육을 받아 사상무장이 된 청년들이었다.

베트남민주공화국은 청년들의 인민해방군 지원에 고무되어 1963년에 8,719명의 정규 병력을 투입하여 총 병력을 133,650명으

---

60) 성-현-싸는 한국의 행정단위 도-군-면에 해당한다.

로 증대시켰다. 1964년 말경의 총 병력은 294,000명에 달했다. 1961년 초기 인민해방군과 베트남공화국 정규군의 병력 격차는 1 : 13(22,000 : 293,850)이었으나, 곧 따라잡아 1963년에는 1 : 3(133,650 : 429,300) 수준, 1964년에는 1 : 2(294,000 : 588,216)까지 감소되었다.

이처럼 인민해방군은 베트남민주공화국으로부터 물자를 지원받아 남베트남의 각지에서 게릴라 전투를 전개하며 세력을 키웠고, 아울러 자신들이 점령한 해방구에서 게릴라 부대를 조직하며 증강하였다.

그리고 남베트남에서 인민해방군의 군사적 활동의 영향으로 남베트남 민족해방전선(NLF)의 정치적 위상도 단계적으로 높아졌다. 남베트남 민족해방전선의 지시에 따라 대규모 정치투쟁이 일어난 지역에서는 많은 사람들이 모였다. 노동자, 학생, 지식인들의 정치적 저항운동은 점차 대규모 투쟁으로 성장하였고, 불교계를 비롯한 종교단체들도 반정부 투쟁을 확산시키며 많은 지지자들을 끌어들였다. 또 베트남공화국 정부의 탄압으로 촉발된 농촌 지역의 반발은 무장투쟁으로 전개되었고, 주요 전투에서 베트남공화국 군대의 패배는 그 후유증으로 인하여 사이공과 같은 대도시 지역의 정부 조직이 근간부터 흔들리게 되었다.

남베트남공화국 임시정부의 설립과 2개의 정치적 실체

베트남민주공화국과 남베트남의 인민해방군은 1968년 1월에 '뗏 공세(구정 대공세)'를 감행하였고, 그 영향으로 미국을 비롯한 국제사회에서 반전 여론이 조성되기 시작하였다. 남베트남에 파병된 미군 병사들의 생명이 위태로워짐에 따라 미국 내에서는 베트남전쟁에 부정적인 반전 여론이 조성되었고, 그와 같은 반전 여론은 국제사회로도 확산되었다. 그리고 동년 5월부터는 미국과 베트남민주공화국 사이에 평화협정이 논의되었다.

미국과 베트남민주공화국 사이에서 평화협정이 논의되면서 미군과 베트남 공화국 정부군의 전투활동은 소강상태에 들어갔고, 반면 남베트남에서 민족통일전선의 활동 및 입지는 날로 강화되었다. 특히 1968년 4월에 베트남 평화 · 민족 · 민주세력 연합체'가 결성되면서 민족통일전선의 영향력은 산악, 농촌 및 메콩강 삼각주 지역을 넘어 남부의 대도시로까지 확대되었다.

민족통일전선의 영향력이 커지고 소위 점령지역인 '해방구'가 확대되면서 남베트남 민족해방전선은 민족평화연합, 민족민주연합전선 등과 연합하여 1969년 6월에 인민대표대회를 개최하고 '남베트남공화국 임시혁명정부(Provisional Revolutionary Government, PRG)'를 수립하였다. 즉, 남베트남 민족해방전선 등은 자신들이 장악하고 있는 지역, 소위 '해방구'에서 국가에 준하는 행정체제를 구축하기 위해 1969년 6월에 '남베트남공화국 임시혁명정부' (PRG)를 수립하였다.

남베트남공화국 임시혁명정부의 출범은 남베트남에서 공산혁명세력이 온전한 정치세력으로 기반을 구축하였음을 시사한다. 남베트남공화국 임시혁명정부는 점령지역인 해방구에서 행정권을 행사하였고, 점령지역 내에서 대대적인 토지개혁 등을 실시하여 지역 인민들의 폭넓은 지지를 확보하였다. 남베트남공화국 임시혁명정부는 이를 기반으로 국제사회로부터 남베트남 지역의 제2의 정치적 실체로 인정받았다. 중국과 소련, 몽골, 폴란드, 루마니아, 헝가리, 체코슬로바키아, 독일 민주주의 공화국(동독), 알바니아와 쿠바 등의 사회주의권 국가들이 모두 남베트남공화국 임시혁명정부를 지지했다.

따라서 남베트남공화국 임시혁명정부는 1973년 1월의 파리협정회담에 참가할 수 있었고, 평화협정의 조약에 서명함으로써 남베트남에서의 자치권을 인정받았다. 즉, 남베트남에는 베트남공화국과 남베트남공화국 임시혁명정부 2개의 정치적 실체가 존재하게 되었다. 파리평화협정의 체결에 의해 베트남민주공화국의 국제정치적 위상도 강화되었다.

4. 민족통일전선의 베트남공화국 내부로의 침투

베트남공화국 내부로의 침투는 베트남민주공화국의 매우 중요한 전략적인 임무 가운데 하나였다. 민족통일전선은 능숙한 대중운동과 뛰어난 조직망을 바탕으로 베트남공화국의 내부로 침투하였는데, 그 성과는 다음과 같다.

첫째, 베토남공화국 내부로의 성공적인 침투는 민족통일전선의 각 조직 및 단체들을 통해 이루어졌다. 농촌에서 도시로, 산악지역에서 남부의 삼각주로 이르는 광범위한 조직망은 선전, 선동 등 활동을 전개하는 데 거점 역할을 수행했을 뿐만 아니라 군중들을 혁명으로 이끄는 데도 크게 기여하였다.

공산혁명의 추진 과정에서 민족통일전선은 종교계의 지지를 확보하기 위해 카톨릭회, 까오다이교, 호아하오교, 불교진흥회 등과 접촉했고, 지식인들의 참여를 위해 베트남 애국교사회, 해방문예회, 남베트남애국민주언론회 등과 연대했으며, 소수민족자치위원회를 통해 소수민족들의 참여를 독려하였다. 베트남전쟁기간 동안, 남베트남에서 민족통일전선의 활동과 투쟁은 각 연합조직을 규합하여 세력을 확대하는 데 기여하였고, 아울러 대중들을 반정부 투쟁의 전선으로 끌어들이는 데 기여하였다.

둘째, 민족통일전선의 성공은 남베트남 주민들의 소망을 반영한 다양한 정책들, 그리고 그러한 정책을 널리 홍보한 선전단체들의 선전전을 통해 이루어졌다. 다양한 정책들은 선전전을 통하여 각계각층의 대중들에게 전달되면서 공산혁명의 원동력으로 작용하였다. 또 다양한 정책들은 베트남공화국의 정부 내에서 공산 혁명세력이 자생하여 확산되는 데 매우 중요한 역할을 하였다. 민족통일전선의 정책들은 베트남공화국의 각계각층을 혁명으로 인도하였고, 이에 동참하는 세력들을 결집시키는 이데올로기의 기반이 되었다.[61]

셋째, 민족통일전선은 스파이 조직을 통해 베트남공화국의 내부 상황을 소상하게 파악하였고, 아울러 베트남공화국 각 기관들의 활동을 효과적으로 차단하기도 하였다. 1954년 7월의 제네바 협정 체결 이후, 북베트남의 하노이 정권은 대규모의 전략 스파이 부대를 육성하였고, 적의 수뇌부를 겨냥한 침투 등 장기 전략을 추진하였다. 전략 스파이 부대에는 팜 쑤언 언, 부 응옥 냐, 쩐 득과 같은 뛰어난 인물들이 대거 포진해 있었다. 사이공 정부와 군에서 주요 지위를 차지하고 있는 조력자들도 민족통일전선의

---

[61] 민족해방전선은 공산혁명세력을 결집하고 홍보선전전의 효과를 높이기 위해 공산혁명의 명확한 목표와 임무, 정책 방향 등을 제시하며, 10개 항의 행동강령과 14개 항의 정치강령을 발표했다. 10개 항의 행동강령은 미 제국주의의 침략과 미국에 의해 꼭두각시로 전락한 사이공 정부를 축출하기 위한 전쟁, 나아가 조국 통일, 베트남 민족의 평화, 독립, 자유 수호를 위한 목표를 명확하게 제시하였다. 14개 항의 정치강령은 민족민주혁명의 역사적 임무를 제시하며 각 계층의 이익을 합리적으로 보장하기 위해 정치, 군사, 경제, 문화, 종교 등 각 분야의 정책, 혁명군 및 해외 동포들의 권리, 사이공 정부 관리들과 군대에 대한 정책 등을 제시하였다.

활동을 도왔다. 베트남민주공화국의 스파이들은 주요 인사들을 포섭하여 스파이망을 구축하였고, 이를 바탕으로 전략적으로 가치가 있는 정보들을 쉽게 확보할 수 있었으며 주요 정보를 정기적으로 상부기관에 보고하였다. 베트남공화국의 사이공 정부는 '반공, 멸공'이라는 구호 아래 '남베트남중앙국(COSVN)의 기지 공격 계획', '1968년의 반격계획', '람선 719 계획' 등을 기획하였으나, 베트남민주공화국의 스파이들의 활약으로 무력화되었다.

넷째, 민족통일전선은 베트남노동당의 지휘와 지도를 일관되게 견지하며 활동을 전개하였다. 베트남전쟁 기간 동안, 베트남노동당 중앙위원회는 베트남공화국의 공산화 혁명 단계를 철저하게 이행하였으며, 예하 조직에게 일관된 명령을 전달했다. 베트남노동당의 지침과 지시에 따라, 남베트남중앙국은 남베트남민족해방전선(NLF)과 남베트남공화국 임시혁명정부(PRG) 등 민족통일전선의 모든 활동을 직접 지휘했다.

베트남노동당의 전면적이고 직접적 지도 덕분에 각 전선의 활동은 매우 일관되고 효율적으로 전개되었다. 이는 남베트남 내에 거점을 구축하고 공고화하는 일뿐만 아니라 베트남공화국 정부 내부로의 침투도 용이하게 했다. 베트남노동당의 지도는 1975년의 베트남공화국의 패망과 베트남의 통일을 위한 연합작전에도 크게 기여하였다.

5. 민족통일전선의 투쟁과 활동

베트남전쟁 동안, 민족통일전선의 전략적 활동은 군사, 정치, 선동적 분야에서 이루어졌고, 그 활동은 정치적 투쟁과 무력투쟁이 결합된 형태로 전개되었다. 도시, 농촌, 산간지역 전체가 활동범위에 포함되었다.

전장에서의 승리가 궁극적으로 전쟁의 승패를 결정한다는 점을 고려하면, 정치, 군사, 선동 가운데 군사적인 전투가 가장 중요하였다. 베트남민주공화국은 베트남전쟁의 초기부터 강력한 무장세력의 구축을 전략적으로 가장 중요시하였다.

그러나 전투 이상의 차원, 전쟁의 승리를 위해서는 정치적, 선동적 투쟁도 매우 중요하다. 민족통일전선도 군사적 전투에 정치적 및 선동적 투쟁이 결합되면서 통합된 역량을 발휘하기 시작하였다.

민족통일전선의 정치적 투쟁

정치적 투쟁은 민족통일전선의 대민 투쟁에서 가장 중요한 과업이었다. 정치적 투쟁의 궁극적 목표는 권력을 쟁취하는 것이었으며, 이러한 목표는 상황에 따라 유연하게 적용되었다. 아울러 정치적 투쟁의 형태와 방법도 유연하고도 다양하게 전개되었다. 정치적 투쟁은 합법적인 방법과 비합법적 방법으로 전개되었다. 합법적 투쟁은 베트남공화국의 법 제도 내에서 전개되는 것을 의미한다.

민족통일전선의 정치적 투쟁을 살펴보면, 노동계는 주로 임금 인상, 노동시간 단축 등을 요구하는 시위나 파업 등의 형태로 투쟁을 전개하였고, 소상공인들은 세금 인하, 국산품 보호 등을 요구하며 파업 형태로 전개하였다. 또 불교계는 연좌데모 형태의 초혼제나 설법을 전하는 방법으로 정치적 투쟁을 전개하였다.[62] 이러한 투쟁은 매우 정교하게 조직되어 전개되었으며, 민족통일전선의 단결에 크게 기여하였다.

또 미국과 베트남공화국이 베트콩의 활동 거점이 되었던 작은 농촌마을들을 폐쇄하고 새로이 전략촌[63]을 건립할 때, 민족통일전선은 전략촌의 건립에 대한 반대투쟁을 전개하였고, 전략촌의 증대를 견제하는 투쟁을 전개하였다. 또 학생조직들로 하여금 징병제 반대를 위한 동맹휴학 등의 투쟁을 전개하도록 하였다.

그리고 합법적 투쟁 중 일부는 정치적 투쟁세력의 교육, 결집 등을 위한 훈련을 겸하여 민생, 민주 등을 주제로 한 대중매체, 위

---

[62] 불교계의 저항운동과 투쟁에 관해서는 제4장에서 구체적으로 서술됨.
[63] 전략촌 건립에 관해서는 제1장에서 상세하게 서술되었음.

원회, 세미나, 회의 등의 형태로 전개되었다. 그 과정에서는 반드시 적절한 수준의 슬로건과 방법이 선택되었다. 동시에 탄압에 대항하여 비밀활동의 계획도 준비되었다. 합법적 투쟁 가운데 다른 일부는 군 조직과 긴밀한 협력을 통해 전개되기도 하였다.

합법적 투쟁은 대체로 비합법적 투쟁보다 높은 정치적 목적이 요구되는 경우에 추진되었고, 합리적 목표를 이용하여 인민들을 결집시키며 전개되었다. 제3차 베트남전쟁의 말기, 민족통일전선은 1975년 춘계 공세 속에서 정치적 투쟁을 훌륭하게 완수하였다. 이는 전쟁의 승리에 크게 기여하였다.

민족통일전선의 선동적 투쟁

정치적 투쟁과 함께 선동적 투쟁 역시 남베트남 공산혁명의 주요 전략 가운데 하나였다. 민족통일전선의 지도부는 대민 투쟁의 과정에서 선동의 임무를 훌륭하게 지휘했다. 선동의 임무는 남베트남군 진영에 동포애와 민족 윤리를 전달함으로써 스스로 총을 내려놓게 하고, 궁극적으로 가족의 품으로 돌아와 공산혁명 세력의 편에 서게 하는 것이었다.

베트남전쟁 기간 동안, 선동적 투쟁은 베트남노동당의 통일된 전략적 지도에 따라 상당한 성과를 올렸는데, 선동 임무를 맡은 기관들은 각 혁명의 단계에서 전략적인 임무를 충실히 수행했다.

경험이 풍부한 선전 간부들은 조직의 역량을 높였고, 선동 담당 조직원들은 베트남공화국의 깊숙한 곳까지 침투하여 내부 분열과 갈등을 조장하는 한편, 공산혁명에 기여할 수 있는 고급 정보들을 확보하여 베트남민주공화국으로 제공하였다. 또 이들은 베트남공화국의 대중들에게 접근하여 민족해방 및 공산혁명에 대한 지지를 확보하였다.

선동 담당 조직원들은 상황에 따라 스파이를 이용한 적진교란작전, 적을 위협하기 위한 양동작전, 가족들을 이용한 베트남공화국 군인들의 항복 권유, 어머니나 부인 및 애인 등을 이용한 남베트남 군인들의 고향 귀환 설득 등 다양한 형태의 전략적 활동을 전개하였고, 아울러 베트남공화국의 군인들을 포섭하여 군 내부에 협력 네트워크를 구축하기도 하였다.

베트남의 산악지형 특징을 이용한 투쟁

베트남노동당의 공산혁명 지도에 따라 민족통일전선의 조직들이 도시, 농촌, 산간의 전략적 세 지역에서 정치, 군사, 선동의 세 가지 측면을 결합하여 공격을 감행한 것은 매우 독창적이었다.

베트남은 국토의 3/4이 매우 험난한 산악지형이다. 베트남노동당은 민족통일전선의 조직들에게 험난한 산악지형을 전략적으로 이용하여 활동을 전개하도록 지시하였다. 남베트남의 베트남공화국 군대가 산악지역에서 무기를 사용하는 데 제약이 있고 다른 취약성도 있기 때문이었다. 반면에 민족통일전선은 이 지역에서 확고한 기반을 구축하고 장기 투쟁을 전개하는 것이 비교적 용이하였다. 산악지역은 한 번 접수하면 방어하기에 용이하였고, 동시에 평야 및 인근 지역으로 세력을 확장할 수 있는 매우 좋은 교두보였다.

따라서 남베트남 민족해방전선(NLF) 등 민족통일전선의 조직들은 산악지역을 접수해 가면서 세력을 확장하였고, 베트남공화국의 통치 구역인 인근 도시들에게 위협을 가하였다. 당시 인민해방군은 산악지역을 결정적 전투를 위한 최종 공세의 출발점으로 삼았다.

농촌지역은 산악지역보다 좁지만 사람과 물자 공급이 용이하다는 점에서 군사력을 증강시키고 전선을 지휘하기에 유리하였다. 남베트남 민족해방전선에 따르면, 남베트남의 농촌지역은 인구가 집중된 곳이고, 농민들 대부분이 베트남공화국에 비판적이며 민족주의 성향이기 때문에 군대를 육성하고 강화하는 데 매우 중요한 공급원 역할을 하는 지역이었다. 따라서 남베트남 민족해방전선과 인민해방군 등은 농촌지역을 점령해 나가면서 베트남공화국의 군대들과의 세력균형에서 우위를 확보하였고, 적진을 교란하며 도시에서의 반정부 투쟁을 지원하였다.

남베트남의 도시지역은 베트남공화국의 정치, 경제적 중심이자 행정기관들이 위치한 곳이었다. 따라서 미국은 베트남전쟁을 수행하면서 도시지역을 안전한 배후기지로 삼고자 했다. 그러나 대도시 지역에는 노동자, 빈곤층, 소자본 계급, 대학생, 민족자본 가들이 집중되어 있었고, 이들은 미국과 베트남공화국 정부에 대해 어느 정도 반감을 가지고 있었으며, 변화를 원하고 있었다. 이러한 약점을 포착한 민족통일전선은 민중들을 선동하여 수차례의 반정부 투쟁을 위한 도시 봉기를 일으켰고, 공산혁명을 위한 투쟁을 전개하였다.

민족통일전선의 활동 및 투쟁에 대한 종합 평가

민족통일전선은 베트남노동당의 지도 아래 정치, 군사, 선동의 세 가지 측면을 결합하여 활동을 전개함으로써 성공적인 성과를 거두었다. 민족통일전선은 정치, 군사, 선동의 세 분야 모두에서 정치적 투쟁과 무장 투쟁을 병행하였는데, 특히 1975년의 봄에 감행된 총공격에서는 혁혁한 성과를 올렸다.

민족통일전선의 활동과 투쟁에 대해서 다음과 같이 종합적으로 평가할 수 있다.

첫째, 민족통일전선의 전술은 베트남노동당 창당 이래 계속된 대내외적 혁명전술이라고 할 수 있다.

둘째, 베트남전쟁 동안, 민족통일전선은 남베트남에서 미군을 몰아내고 미군의 지원을 받는 사이공 정권을 전복시키기 위한 민족대단결을 이끌어냈다.

셋째, 민족통일전선은 베트남공화국 정권의 내부에 거점을 확보함으로써 점진적으로 정권을 와해시키는 전략을 구사했다. 물리적 전투와 더불어 정치적 투쟁, 선동적 투쟁 등을 병행함으로써 베트남공화국의 내부 및 시민사회를 매우 효율적으로 분열시켰다.

넷째, 민족통일전선의 각 단체와 조직은 베트남노동당의 지도 아래 긴밀한 협력을 유지하면서 반미 저항운동과 공산혁명 투쟁을 전개하였다. 즉, 베트남의 통일 실현에 크게 기여했다.

제3장 남베트남 민족해방전선(NLF)의
투쟁과 북베트남과의 전략적 관계

최용호

1. 베트남 공산주의자와 남베트남 민족해방전선
(NLF)의 결성

남베트남 민족해방전선(National Liberation Front, NLF)은 민족주
의를 표방하며 응오 딘 지엠 정권에 비판적이고 반대하는 모든
계층, 정파, 종파, 사회단체 등을 망라한 연합단체로 조직되었다.
하지만 남베트남 민족해방전선의 주도권을 장악한 인사들은 대
부분 공산주의자들이었다. 프랑스 식민지배 기간 동안에 독립운
동을 하였던 그들은 이미 유럽 사회주의운동의 영향을 받아 소비
에트 공산주의 활동에 참여한 경험이 있었다.

따라서 제2차 세계대전 이전부터 남베트남에 공산혁명을 지향

한 민족해방전선이 결성될 수 있는 씨앗은 내재되어 있었다고 볼 수 있다.[64] 제2차 세계대전 이후 프랑스가 베트남을 다시 지배하기 위해 이념대결의 전략으로 전환하면서 그 씨앗을 발아시켰고, 1955년 10월에 수립된 남베트남 응오 딘 지엠(Ngo Dinh Diem) 정부의 문제점들이 그 씨앗을 무성한 숲으로 성장시켰다고 볼 수 있다.[65] 남베트남 민족해방전선(NLF)은 베트남공화국 정부를 전복하고 베트남의 공산통일을 이룩하는 데 중요한 역할을 담당했다.

프랑스의 베트남 재지배전략, 식민전쟁을 이념전쟁으로 전환

제2차 세계대전에서 일본이 패망하자 그 이전에 베트남을 식민지배했던 프랑스는 베트남에 다시 진주했다. 그들은 독립을 주장하는 호치민 등 베트남의 독립세력을 무력으로 제압했다. 프랑스는 한동안 강력한 군사력을 앞세워 베트남을 또 다시 식민지로 지배하려고 시도하였다. 프랑스의 베트남 재식민지 지배는 가능한 듯 하였다.

그러나 시간이 지나면서 프랑스군은 점차 베트남 독립세력의

---

[64] 프랑스 등 외세에 저항하는 민족통일전선은 인도차이나공산당(베트남노동당의 전신)에 의한 인도차이나 반제민족통일전선이 1939년 결성되면서 등장했다. 제2장 '1. 민족통일전선의 발전과 특징" 참조.

[65] 국방부, 「파월한국군 전사1 상」, 서울, 전사편찬위원회, 1978, pp.31~35.

게릴라전에 밀리기 시작했다. 전쟁의 대의명분에서 베트남 주민의 독립 주장이 프랑스의 재식민지배 논리를 압도하고 있었기 때문이다.

프랑스는 전세를 역전시키기 위해 새로운 전략을 강구하였다. 프랑스는 호치민 등 독립주도 세력을 공산주의자로 몰아세우며 제1차 베트남전쟁의 전쟁구도를 '자본주의 VS 공산주의'의 대결로 하는 전략을 강구하였다. 이를 위해 프랑스는 호치민 등 독립 세력에 대적할 대항마로 과거 응웬 왕조(Nguyen, 1802~1945)를 내세웠고, 응웬 왕조의 마지막 황제 바오다이(Bao Dai, 1913~1997)를 회유하여 1949년 6월, 베트남의 남부지역에 민주주의를 표방하는 '베트남왕국'을 수립하였다. 그리고 미국 등 우방들의 승인을 유도하였다.

프랑스가 호치민 등 독립 주도 세력을 공산주의 세력으로 몰아붙이며 탄압을 계속하고 있을 때, 호치민 등 공산세력에게도 새로운 지원세력이 나타났다. 중국 대륙이 공산화되면서 1949년 10월에 등장한 마오쩌둥 정부가 1950년 1월 최초로 북베트남의 호치민 정부를 승인하면서 원조를 시작하였다. 이어 소련도 호치민 정부를 승인하면서 대규모의 원조를 전개하였다.[66] 이와 같은

---

[66] 중국은 1950년 1월 18일 세계 최초로 호치민정부를 승인하면서 원조를 시작하였고, 소련은 1월 30일 호치민정부를 승인하면서 대규모의 원조를 시작했다. 이 무렵 소련의 스탈린은 호찌민정부를 승인한 직후 북한의 김일성에게 전문을 보내 그의 모스크바 방문 요청을 승인했다. 김일성은 1949년 초부터 스탈린에게 남침공격 승인과 면담을 요청하고 있었지만, 스탈린이 김

중국과 소련의 적극적인 지원에 힘입어 호치민 세력은 프랑스군을 격파하기 시작하였고, 1954년 5월 마침내 베트남 북부 라오스 국경 부근의 요새 디엔비엔푸(Dien Bien Phu)를 함락하며 승리를 거두었다. 그 결과 1954년 7월 제네바협정이 체결되고, 제1차 베트남전쟁은 막을 내렸다. 제네바협정에 따라 프랑스는 베트남에서 철수하게 되었고, 남북 베트남은 2년 후인 1956년 7월까지 총선거를 통한 통일정부를 수립할 수 있게 되었다.

이와 같은 상황 변화는 베트남의 공산화 가능성을 높였고, 아울러 베트남이 공산화될 경우 캄보디아, 라오스 등 인도차이나반도는 물론 타일랜드, 인도네시아, 필리핀 등 동남아 국가들도 공산화될 수 있었다. 따라서 미국은 베트남 등 인도차이나반도의 공산화 도미노현상을 우려하였고, 이를 저지하기 위해 프랑스를 대신하여 남베트남의 후견인이 되었다.

응오 딘 지엠 정권의 등장과 남베트남 민족해방전선(NLF)의 결성

프랑스의 베트남 철수 후, 새로운 후견인 미국은 친미주의자 응오 딘 지엠(Ngo Dinh Diem)을 전면에 리더로 내세웠다. 응오 딘

일성의 요청을 거절하고 있었다. 스탈린은 3월 말 모스크바를 방문한 김일성과 면담에서 그동안 거부해 오던 김일성의 남침공격 요청을 승인했다. 그해 6월 6·25전쟁이 발발했다.

지엠은 미국의 후원을 얻어 남베트남을 장악하고 1955년 10월 26일에 '베트남공화국(the Republic of Vietnam)'을 수립한 뒤 대통령으로 취임하였다.

남베트남 정부 수립 초기, 응오 딘 지엠 대통령은 강력한 지도력을 발휘하여 군과 경찰을 장악하였다. 이어 응오 딘 지엠 대통령은 무력을 가진 토착 종교세력을 무력화시키는 등 반대세력들을 차례로 제압하면서 강력한 지위를 구축했다. 다음해인 1956년에는 제네바협정에 따라 "남·북 총선거를 치르자"는 호치민정부의 제안을 거부했다. 통일선거가 치러질 경우 북베트남의 호찌민 세력이 압승을 거둘 가능성이 높았기 때문에, 응오 딘 지엠 대통령은 베트남공화국은 제네바협정에 조인하지 않았으므로 협정을 지킬 의무가 없다는 이유를 내세워 거부했다. 미국 정부도 응오 딘 지엠 대통령을 지지하고 나섰다.

호치민 세력은 강력히 반발했지만 대안이 없었다. 당시 소련 정권을 장악하고 있던 흐루시쵸프(Nikita Khrushchov)는 자유진영과 공존을 모색하고 있었기 때문에 호치민의 입장을 적극 지지하지 않았다. 즉, 소련은 자국의 이익에 크게 영향을 미치지 않는 문제로 미국과 대립할 의사가 없었던 것이다. 중국 역시 자신들의 남쪽 국경에 강력한 베트남정부가 수립되는 것보다는 분단된 상태의 현상유지가 더 유리하다고 판단했기 때문에 호치민의 입장을 적극 지지하지 않았다.

이처럼 남북 베트남 통일선거의 시행이 어려워진 상황에서 응오 딘 지엠 정권은 반정부 세력에 대한 핍박과 더불어 남베트남 내의 공산주의자들에 대한 탄압을 강화하였다. 이에 위기의식을 느낀 남베트남 내의 공산주의자들은 강력히 반발하였다. 응오 딘 지엠 정권이 등장하기 전까지만 해도 그들은 조국의 독립을 위해 프랑스 세력을 물리친 애국세력으로 주민들로부터 존경을 받고 있었는데, 응오 딘 지엠정권이 등장하면서 하루아침에 반정부세력으로 몰락의 위기에 처해졌기 때문이다.

남베트남의 공산주의자들은 하노이의 베트남노동당 중앙위원회에 응오 딘 지엠 정권에 대항할 수 있는 민족통일전선의 조직이 필요하다고 건의하였고, 그 건의가 받아들여져 남베트남 민족해방전선(NLF)이 1960년 12월 20일에 결성되었다.[67]

2. 남베트남 민족해방전선(NLF)의 특성

남베트남 민족해방전선(NLF)은 근거지가 베트남의 남부였는데, 남부 중에서도 사이공(현 호치민)의 남쪽 메콩삼각주 일대의 메콩평야가 핵심근거지였다. 그곳이 민족해방전선의 근거지가 된 배경에는 그들이 살아온 국토의 지역성과 관련이 있다.

---

67) 제1장의 '3.베트남민주공화국과 남베트남 민족해방전선(NLF)' 참조.

베트남의 지역성과 남베트남 남부지역의 저항세력

베트남의 국토는 남북으로 길게 형성되어 직선거리가 1,650km 나 된다. 그러나 중부의 폭이 좁은 곳은 불과 48㎞에 불과하다. 베트남은 국토 모양에 따라 일반적으로 남·북으로 분류하는데, 베트남 현지의 정서는 북부·중부·남부로 구분한다.[68] 고대 베트남의 영역은 북부지역이었다. 북부지역에 살던 비엣(Viet)족이 지금으로부터 1천여 년 전에 남진(南進)을 시작하면서 중부에 살던 참파(Champa)족을 점령해 병합했다. 그들은 크메르(Khmer)족이 살고 있던 남부로 진출을 계속하여 1757년 남쪽 끝의 꺼머우(Ca Mau)를 병합했다. 베트남이 오늘날과 같은 모습의 국토를 완성한 것은 불과 260년 전이었다. 이 같은 역사적 배경과 지역적 특수성에 따라 베트남은 북부와 중부, 남부로 구분하는 3분법의 전통이 살아있다.[69]

응오 딘 지엠 정부가 점령하고 있는 중부지역과 남부지역 가운데 주민의 조직적인 저항이 가장 먼저 시작된 곳은 남부지역이었다. 남부인의 저항은 1955년 10월 응오 딘 지엠 정부가 수립될 당시에는 격렬하지 않았다. 당시 남부의 토착 저항세력은 자신들이 응오 딘 지엠 정권과의 투쟁을 주도하지 못하고, 하노이의 호치민의 지령에 추종하여야 했기 때문에 투쟁에 소극적으로 임하였다.

---

68) 최용호, 「베트남전쟁과 한국군」, 서울, 국방부 군사편찬연구소, 2004, pp.3~7.
69) 유인선, 「새로 쓴 베트남의 역사」, 서울, 이산, 2013, pp.216~246.

그러나 응오 딘 지엠 정권의 족벌 독재정치와 부정부패에 대한 비판여론이 높아지게 되고 민심 이반이 초래되자, 남부의 공산주의자들은 응오 딘 지엠과 그의 각료들의 출신지역을 문제로 삼으며 조직적인 저항을 전개하였다. 왜냐하면, 응오 딘 지엠 대통령이 중부의 꽝빈(Quang Binh)성 출신이고, 그의 각료와 실권자들 대부분이 중부 또는 북부지역 출신이었기 때문이다. 남부의 공산주의자들은 남부의 지역적 소외감을 부각시키며 흩어진 세력을 결집시켰고, 나아가 응오 딘 지엠 정권에 대한 투쟁을 적극적으로 전개하였다. 남부의 저항세력들은 메콩델타의 드넓은 평야지역에 흩어져 있었기 때문에 그들의 실체가 노출되지 않는 경우가 많았다.(〈그림3-1〉참조)

〈그림3-1〉 베트남의 남부지역

따라서 응오 딘 지엠 정권은 집권 초기에 강력한 권한을 행사하여 무장세력을 산하에 둔 토착 종교집단들을 무력화시키는 등 외형적으로 안정된 체제를 구축하는 듯하였지만, 남부의 공산주의자 등 저항세력 토벌에는 한계를 보였다. 드넓은 메콩델타에 흩어져 있는 저항세력들의 실체가 좀처럼 드러나지 않았기 때문에, 응오 딘 지엠 정권은 그들을 잡으려다가 애매한 양민을 탄압하여 오히려 저항세력을 양산하는 결과를 초래하였다.

베트남의 지역성과 민족해방전선 결성

응오 딘 지엠 정권의 지역성과 족벌독재, 부정부패는 반정부 저항세력들에게 정치적 명분을 제공하였다. 공산주의세력은 이를 이용하여 1956년부터 이합되어 있던 남부의 저항세력을 조직화하기 시작하였다. 응오 딘 지엠 정권의 독재정치, 관리들의 부정부패, 토지개혁 등 정책실패의 영향으로 저항세력의 조직화는 비교적 순조롭게 전개되었다. 특히 소외계층으로 전락한 농민들이 대거 저항세력에 가담하면서 세력의 확산이 이루어졌다. 이 시기에 베트남노동당의 정치국원 레주언(Le Duan)이 남베트남을 방문하여 저항세력의 지도부를 면담하기도 하였다.

남베트남의 저항세력은 남부지역을 중심으로 응오 딘 지엠 정권 타도 투쟁을 전개하며 세력을 확산해 갔다. 남베트남의 저항세력은 비공식적이지만 1958년부터 민족해방전선이라는 명칭으로 활동을 시작하였고, 제2차 베트남전쟁의 발발 이후, 베트남노동당 중앙위원회의 승낙을 받아 1960년 12월 20일에 남베트남 민족해방전선(NLF)을 정식으로 발족시켰다.

통일전선전술에 따라 남베트남 민족해방전선에는 응오 딘 지엠 정권에 반대하는 농민, 노동자, 지식인, 소수민족, 불교도 및 기타 소수 종교단체 등이 두루 참가하였다. 즉, 남베트남 민족해방전선은 응오 딘 지엠 정권에 반대하는 다양한 세력들의 연합체로 출범하였다. 따라서 10개 조로 된 남베트남 민족해방전선의 강령에는 마르크스주의가 아니라 민족주의가 표방되었고, 남북 베트남의 평화통일, 남북 베트남간의 경제와 문화교류 등이 강조되었다.

따라서 남베트남 민족해방전선의 초대 의장에도 공산주의자가 아닌 지식인 저항세력이었던 응웬 흐우 토(Nguyen Huu Tho, 1910~1996)[70]가 추대되었다. 응웬 흐우 토는 남베트남 민족해방전선 발족 당시에 형무소에 수감되어 있었기 때문에, 탈옥한 후인 1961년에 정식으로 의장에 취임하였다.

하지만 남베트남 민족해방전선이 제2차 베트남전쟁의 발발과 더불어 무장투쟁에 역점을 두고 활동을 전개하면서, 주도권은 자연스럽게 공산주의자들에게 장악되었다. 무장투쟁을 수행하기 위

---

[70] 응웬 흐우 토는 메콩평야지역의 롱안(Long An)성에서 농장을 경영하는 유복한 가정에서 출생하였고, 일찍이 파리로 유학하여 법학을 전공한 뒤 귀국해서는 변호사로서 반정부 활동을 활발하게 펼쳤다.

해서는 제1차 베트남전쟁, 즉 프랑스와의 전쟁에서 무장투쟁을 경험했던 세력들의 역할이 절대적이었고, 그들의 대부분은 공산주의자들이었다. 공산주의자들은 남베트남 민족해방전선의 실권을 장악한 핵심세력이었지만, 전면에 나서기보다는 배후에서 남베트남 민족해방전선의 활동을 조종했다.

그리고 제2차 베트남전쟁이 발발하고 무장투쟁이 적극적으로 전개되면서 '베트콩(Viet Cong)'으로 알려진 남베트남 인민해방군이 1962년 2월에 남베트남 민족해방전선의 산하에 조직되었다. 남베트남 민족해방전선의 중앙조직과 지방조직이 편성되면서 남베트남 인민해방군, 즉 베트콩도 성-현-싸[71] 단위별로 조직되었다. '성' 단위의 베트콩은 대대급, '현' 단위의 베트콩은 중대급, '싸' 단위의 베트콩은 통상 소대급으로 조직되었다. 그 이하 촌락의 베트콩은 향토예비군과 유사한 개념으로 '낮에는 농부, 밤에는 전사'와 같은 개념으로 운용되었다.

남베트남 민족해방전선에서 운용하는 연대급의 정규 인민해방군은 1962년에 편성되었고, 사단급의 정규 인민해방군은 1964년에 편성되었으며, 1965년에는 5개 정규 인민해방군 사단이 편성되었다.[72] 남베트남 인민해방군이 조직된 이후, 남베트남 민족해방전선의 무력투쟁은 한층 활발하게 전개되었다.

---

[71] 성-현-싸는 한국의 행정단위 도-군-면에 해당된다.

[72] 국방부, 「파월한국군전사1 상」(1978), pp.51~69.

3. 1960년 초기 남베트남 민족해방전선(NLF)의 활동과 투쟁

남베트남 민족해방전선(NLF)은 정치투쟁과 무력투쟁을 결합하여 활동을 전개하였는데, 남베트남 인민해방군이 조직된 이후에는 무력투쟁에 역점을 둔 활동이 매우 활발하게 전개되었다. 남베트남 인민해방군, 즉 베트콩의 무력투쟁은 업박(Ap Bac)전투를 계기로 존재감을 드러냈다. 업박 전투는 1963년 1월 베트남 남부 롱안성 업박(Ap Bac) 마을에서 1박2일 동안 벌어진 전투인데, 남베트남 민족해방전선은 이를 계기로 주민들에게 존재감을 확실하게 인식시키며 조직 및 세력의 확산을 추구하였다.

업박 전투 이전 민족해방전선 초기 상황

베트남노동당의 중앙위원회는 1959년 1월, 남베트남의 해방을 북베트남의 안보 및 방위와 동일시하는 수준으로 중요시하는 전략을 채택했다. 이 전략의 선택은 북베트남이 남베트남의 해방을 위해 방관자에서 당사자로 전환하는 계기가 되었고, 아울러 제2차 베트남전쟁의 발발로 연결되는 계기가 되었다.

베트남민주공화국의 하노이정부는 제네바협정에 따라 북으로 이동시켰던 수 만 명의 남부출신 공산주의자들을 비밀리에 점차적으로 남파하기 시작하였다. 아울러 다량의 군수물자와 장비들을 남부로 보냈다. 북베트남의 적극적인 지원이 시작되면서 남부지역의 곳곳에서는 저항세력이 주도하는 봉기가 발생하였고, 이는 응오 딘 지엠 정부의 행정력을 마비시키기도 하였다. 남베트남 민족해방전선이 정식으로 발족된 1960년 12월부터는 저항세력의 규모가 확대되어 응오 딘 지엠 정권의 진압군을 격파하는 사태가 곳곳에서 발생하기 시작하였다. 1961년까지 남베트남 정부군과 베트콩의 대결은 대부분 베트콩이 주도권을 장악하였다.

따라서 응오 딘 지엠 정부를 적극 후원하고 있던 미국은 베트콩의 공세에 대응하기 위해 1961년부터 특수부대와 항공부대를 파병해 베트남공화국 정부군을 지원하기 시작하였다. 또 미군은 베트남공화국 정부군의 장병들에게 게릴라전에 대한 교육을 실시하고 아울러 베트콩의 기습공격을 저지하는 데 유용한 장갑차와 헬기 등 최신장비들을 정부군에 대량 보급하였다. 1962년 후반기에 접어들어 남베트남의 군대는 미국의 지원과 훈련으로 새롭게 태어나기 시작했다. 베트콩과의 전투에서 장갑차와 헬기 등 새로운 장비의 효과는 대단했다.

처음 보는 헬기와 장갑차의 출현에 소화기(小火器)로 무장된 베트콩들은 혼비백산했고 도주하기에 급급했다. 베트콩의 사기는 급격히 저하되었다. 베트남공화국 정부군이 헬기와 장갑차를 대거 투입해 경무장의 베트콩에게 공포감을 조성한 것이 주효했다. 메콩델타의 대평원에서 헬기와 장갑차의 출현으로 베트콩은 숨을 곳이 없었으며, 퇴로가 차단되어 포위망에 갇히기 일쑤였다. 따라서 베트남공화국 정부군이 남부의 저항세력을 평정하는 것도 시간문제일 것 같았다. 위기에 처한 남베트남 민족해방전선(NLF)의 지도부는 대책 마련에 골몰했다.

베트콩의 지휘관들은 헬기와 장갑차가 투입되는 상황에서도 극적인 승리를 쟁취함으로써 조직의 사기를 진작시킬 계기가 절실했다. 특히 메콩평야 지역은 결코 포기할 수 없는 곳이었다. 남베트남 민족해방전선은 그들의 근거지인 메콩평야 일대에서 극적인 승리를 조성해 그 분위기를 확산시켜야만 했다. 반면에 그 지역을 담당하고 있던 베트남공화국 정부군 제7사단장 역시 헬기와 장갑차를 활용한 작전으로 자신감을 회복한 후, 이 지역 평정의 호기를 확대하려고 했다. 새로운 계기를 조성하려고 했던 두 세력이 만난 곳이 업박마을 일대였다.[73]

업박 전투의 상황

업박(Ap Bac) 마을은 메콩평야의 삼각주 지역으로 미군들이 갈대평원(Plain of Reed)이라 명명한 대평야 지대였다. 물이 가득 채워진 논이 끝없이 펼쳐진 평원 위에 드문드문 흩어져 있는 마

---

[73] 국방부, 「파월한국군전사1상」(1978), pp.69~81.

을은 마치 바다의 섬처럼 보였다. 또한 논에 물을 공급하기 위한 수로(水路)는 종횡으로 연결되어 있었다.

업박마을 일대의 베트콩은 증강된 대대 규모의 병력이었다. 그들은 주력을 업박마을의 제방에 배치하고, 소수 병력을 업떤토이 마을에 배치했다. 베트콩은 최근 전투에서 베트남공화국 정부군의 헬기와 장갑차의 위력에 압도되어 많은 피해를 입었기 때문에 이번에야말로 전세를 만회하기 위해 벼르고 있었다. 이를 위해 베트콩은 기관총(C-50) 2정과 기타 자동화기를 한 팀으로 만들어 대공사격 위주의 훈련을 마친 후, 베트남공화국 정부군의 공격을 기다리고 있었다.

1963년 1월 2일, 여명을 기해 만반의 준비를 갖춘 베트남공화국 정부군의 공격이 시작되었다. 먼저 베트남공화국 정부군의 지방대대와 장갑차가 베트콩의 퇴로를 차단하기 위해 기동했다. 그러나 짙은 안개 때문에 연대의 공중 기동이 2시간이나 지연되었다.

그 사이에 베트콩의 퇴로 차단을 위해 업박마을로 기동하던 지방군 대대는 베트콩의 주력과 조우하여 치열한 교전을 별였다. 베트남공화국 정부군의 지방대대는 대대장이 부상당하고, 중대장이 전사하는 등 많은 피해를 입었다. 불의의 사태에 당황한 그 지역의 성장(省長)이 지방대대의 공격을 중지시키자, 장갑차 중대도 덩달아 정지하면서 공격기세가 상실되기 시작했다. 이에 베트남공화국 정부군의 사단장은 업박마을의 지방대대를 지원하기 위해 1개 중대를 업박마을로 급파하였다.

그러나 업박마을은 베트콩 대대의 주력이 배치된 곳이었다. 즉, 베트남공화국 정부군의 사단장은 1개 중대를 사지(死地)로 보낸 꼴이 되었다. 오전 10시 20분경 착륙을 시도하던 중대는 기다리고 있던 베트콩의 대공사격에 의해 헬기 1대가 격추되고, 여러 대가 피해를 입었다. 또한 격추된 헬기의 승무원을 구조하려다가 3대가 추가로 격추되었으며, 1대는 엔진고장으로 추락했다.

이와 같은 전투 상황이 보고되자, 베트남공화국의 사단사령부는 혼란에 빠지게 되었다. 고급장교와 기자들의 방문이 잇달았다. 그러나 당시 상황이 그렇게 비관적인 것만은 아니었다. 위기와 기회는 보는 관점에 따라 다를 수 있기 때문이었다. 초기에 입은 피해가 크긴 했으나, 대신 전투력의 차이가 워낙 크기 때문에 지휘관의 강인한 의지만 있으면 추가병력을 투입하여 노출된 베트콩들을 섬멸할 수 있는 기회가 될 수도 있었다.

그럼에도 불구하고 사단사령부에 도착한 군단장은 추가 손실을 우려해 병력 증원을 주저하였다. 지휘관들이 주저하고 있는 사이에 밤이 되었다. 다음날 아침, 베트남공화국의 1개 대대가 증원되었을 때는 베트콩들이 이미 야음을 이용해 전·사상자까지 후송하면서 유유히 탈출한 후였다.[74]

---

[74] 유제현, 「월남전쟁」, 서울, 한원, 1992, pp.129~136.

업박 전투의 결과

1963년 1월 2일의 전투에서 베트남공화국의 정부군은 미군 3명을 포함해 66명이 전사하고 11명이 부상당했다. 또한 헬기 5대가 격추되고, 11대가 파손되었다. 반면에 베트콩은 포로 36명, 추정사살 50명 정도였다. 피해 및 전과만을 단순 비교하면 무승부의 전투로 볼 수도 있다. 그러나 투입된 병력 및 장비와 작전의 성격을 고려한다면, 남베트남 정부군의 대패였다.

반면에 남베트남 민족해방전선과 베트콩에게는 원했던 전투였고, 바라던 승리였다. 남베트남 민족해방전선과 베트콩은 업박 전투의 승리를 대대적으로 선전했다. 그 결과 이제까지 헬기와 장갑차의 출현에 전전긍긍하던 베트콩들에게 "베트남공화국의 정부군은 물론 미군까지도 이길 수 있다."는 신념을 갖게 하였다.

베트남공화국 정부군은 자신들의 승리라며 적당히 얼버무리려고 했다. 미군 사령부도 베트남공화국의 정부군의 승리라며 적당히 넘어가려고 했다. 그러나 미국 언론의 특파원들은 베트남공화국의 정부군과 미군의 약점을 알아내고 집요하게 파고들었다. 언론은 업박 전투를 제1면 머릿기사로 '베트남공화국의 정부군과 미국 고문단의 처절한 패배'라는 표제로 대서특필하였다.

분노한 미군 사령부는 공식적인 발표 외에 기자들과의 접촉을

금했다. 그럴수록 미국 언론의 기자들은 악착같이 파고들었다. 모든 것을 부정적으로 보는 언론의 시각이 그때부터 형성되기 시작하였다. 이어 언론과 대결구도가 만들어지는 계기도 되었다. 나아가 언론의 영향으로 미국 국민들의 반전 여론이 형성되기 시작하는 계기도 되었다.[75]

4. 뗏 공세(설 공세)와 남베트남 민족해방전선(NLF)의 투쟁과 활동

업박(Ap Bac)전투를 전후하여 응오 딘 지엠 정부와 미국이 심혈을 기울여 추진한 정책은 '전략촌(Strategic Hamlet) 계획'이었다. 전략촌 계획은 농촌지역에 분산되어 있는 가옥이나 작은 마을들이 베트콩의 근거지로 활용될 수 있기 때문에 요새화된 대형 전략촌을 만들고 복지시설을 구비해 농민들을 이주시키는 계획이었다.

그러나 주거의 자유를 제한하는 전략촌 계획은 많은 반발을 초래하면서 오히려 저항세력을 양산하는 결과를 가져왔다. 이어 남베트남 정국의 혼란과 함께 1968년 1월 북베트남과 남베트남 민족해방전선(NLF)이 연합한 뗏공세, 즉 구정 총공세로 베트남전쟁은 새로운 국면을 맞게 되었다.

---

[75] 최용호, 「베트남전쟁과 한국군」(2004), pp.90~91.

업박 전투 이후의 남베트남 상황

업박 전투 이후 남베트남 민족해방전선(NLF)이 세력을 확장하던 시기, 남베트남의 전략촌 계획 등 응오 딘 지엠 정부의 실정과 맞물려 민심 이반이 계속되면서 쿠데타가 발생했다. 응오 딘 지엠 대통령이 1963년 11월 1일에 살해된 이후부터 응웬 반 티우(Nguyen Van Thieu) 장군이 1965년 6월 권력을 장악할 때까지 남베트남에서는 무려 10여 차례의 정권교체가 반복되었고, 그로 인해 남베트남 정국은 혼미상태에 빠졌다. 쿠데타로 집권한 세력들은 민생을 도외시한 채 자신들의 권력기반 강화에만 몰두했다.

남베트남 관료들은 자신의 안위만을 생각했고, 군부는 국가에 대한 충성심보다는 사이공 정국의 변화가 자신에게 미칠 영향만을 생각했다. 종교인, 학생, 그리고 각종 이익단체들 역시 자신들의 몫을 챙기기 위해 집단이기주의 성격의 시위에 가담하여 혼란을 부채질했다. 자연히 민생은 도탄에 빠지게 되었고, 민심은 사이공 정권을 떠나 북베트남의 하노이 정부와 남베트남 민족해방전선 쪽으로 기울었다.

북베트남의 호치민은 남베트남 주민들로부터도 존경을 받았다. 그는 죽을 때까지 국가주석이었지만, 족벌이나 파벌과는 거리가 먼 인물이다. 그는 평생을 독신으로 살았으며, 국가 주석이 된 뒤에도 유일한 가족이었던 누나와 형을 단 한 차례밖에 만나

지 않았다. 그의 형과 누나는 평범한 농부로 생을 마쳤다. 남베트
남 민족해방전선의 지도자들도 보신주의에 빠진 사이공 정부 인
사들과는 극명하게 대조되었다. 남베트남 민족해방전선의 지도
자들은 극소수만이 알려져 있었고 대부분 베일에 가려져 있었다.

업박 전투가 있었던 1963년 12월, 하노이 정부는 북베트남의
정규군을 남파할 것과 고문단으로 남베트남에 파병된 미군을 직
접 공격할 것을 결의했다. 미군을 상대로 전쟁을 시작하겠다는
것이었다. 미국도 동년 12월부터 군사고문단 수를 대폭 증강시키
면서 1964년 1월에는 북베트남 해안에 대한 비밀작전을 승인했
다. 즉, 전쟁의 확산을 위한 씨앗이 1963년 12월부터 뿌려지기 시
작했다.

그리고 1964년 8월 2일에 '통킹만사건'이 발발하자 미국과 북
베트남 간의 전쟁이 공식화되었다. 통킹만사건은 하노이의 동쪽
통킹만 공해상에 정박하고 있던 미군 함정을 북베트남 어뢰정이
공격한 사건이다. 이 사건을 계기로 미국은 본격적으로 전쟁에
개입하였고, 미국의 요청에 따라 한국 등 7개 국가의 연합군이 파
병되었다. 가장 많은 병력이 파병되었던 1968년 초에는 미군 55
만 명, 나머지 7개국에서 6만여 명 등 61만여 명의 연합군이 남베
트남에 주둔하였다.

미국은 매년 2천억 달러 내외의 군사·경제 원조를 쏟아 부었
다. 그러나 남베트남의 정국과 전선의 상황은 개선되지 못했다.

즉, 사이공 정부가 국민들로부터 신뢰를 받지 못하는 상황에서 미국이 아무리 많은 군대, 전비를 투입해도 하노이의 정국과 전선의 상황은 그다지 개선되지 못했다.

그 사이에 남베트남 민족해방전선은 세력을 키워 영향력을 계속 확대해 갔다. 그들은 미국을 소모전의 구렁텅이로 끌어들여 미국이 스스로 포기하기를 기다렸다. 미군의 베트남전쟁 지도부는 상대방의 전쟁 지도부인 남베트남 민족해방전선의 실체를 제대로 알지 못했다. 그들이 수면 위로 모습을 드러내지 않았기 때문이다.

또 다른 상대방이었던 하노이의 호치민정부에 대해서는 미국이 공중폭격으로 응징했지만, 미 지상군을 북위 17도 이북으로 진격시키지 못했다. 한국전쟁에서 경험했듯이, 중국의 개입을 두려워했기 때문이다. 또한 중국군이 개입하지 않는다고 하더라도, 베트남전쟁의 규모가 북위 17도 이북으로 확장되는 것을 우려하였기 때문이다.

미군과 남베트남 정부군의 상대는 남베트남 민족해방전선의 하부조직 베트콩과 그들을 지원하는 북베트남군이었다. 그들은 시간과 장소를 구분하지 않고 나타나 치고 빠지는(hit & run) 방식으로 미군과 연합군, 그리고 남베트남 정부군을 괴롭혔다. 전투가 벌어질 때마다 외형상 대부분의 승리는 연합군과 남베트남 정부군이 거두었다. 그러나 전투의 승패가 중요한 것이 아니었다. 남

베트남 사회에서 반전운동이 전개되고 미국 국내에서 베트남전쟁
에 대한 부정적인 반전 여론이 싹트면서, 미국 정부 내에서도 "이
전쟁을 계속해야 하는가?"라는 회의감이 조성되기 시작하였다.[76]

뗏 공세의 배경

'업박 전투'가 끝나고 5년이 지난 시점, 남베트남 민족해방전
선은 북베트남과 더불어 국면 전환을 위한 대공세를 계획했다.
베트남전쟁을 반대하고 있던 미국 사회와 국제사회에 반전의 명
분을 제공하기 위해서였다. 남베트남 전역에서 동시다발적인 공
격을 계획하였는데, 이는 일찍이 없었던 방식으로, 여론몰이 공
세였다. 공세 시기를 1968년 1월 30일 뗏(설, 음력 1월 1일)과 그
다음날인 1월 31일로 잡았다.

베트남은 중국의 영향을 받아 유교를 숭상하는 국가이다. 그리
고 음력으로 1월 1일인 설은 뗏(tet)이라고 부르는 최대의 명절이었
다. 설에는 조상에 대한 차례를 모신 후에 각종 민속행사들이 펼쳐
졌다. 따라서 설을 전후해 업무를 보는 회사나 사람은 거의 없었
다. 뗏을 전후한 기간에는 전쟁조차도 멈추는 것이 관행이었다.

남베트남 정부군의 많은 장병들은 1월 말이 다가오면서 전투

---

76) 국방부, 「파월한국군전사4」, 서울, 군사편찬위원회, 1978, pp.15~34.

보다는 설 명절을 어떻게 보낼 것인가에 더 많은 관심을 기울이고 있었다. 그들의 뗏 휴가기간은 통상 1주일 정도였기 때문에 이미 뗏에 앞서 많은 장병들이 휴가를 위해 근무지를 떠났다. 당연히 경계상태도 이완되어 있었다. 연합군 장병들도 자신들의 명절은 아니었지만 덩달아 명절 기분을 느끼고 있었다.

반면에 남베트남 민족해방전선의 분위기는 전혀 달랐다. 그들은 남베트남 전역에서 동시다발적인 공세를 감행할 준비를 차근차근 진행시키고 있었다. 그들은 휴전에 조건을 걸어 협상을 계속 지연시켰다. 남베트남 정부군과 연합군은 민족해방전선의 흉계를 전혀 눈치채지 못했다. 결국 뗏 전날인 1월 29일까지도 임시 휴전 협상은 타결되지 못했다.

뗏 공세의 상황

1968년 1월 30일, 임시 휴전협정이 체결되지 못한 가운데 뗏 명절을 맞았다. 그날 새벽 일부 지역에서 베트콩의 공세가 시작되었다. 남베트남 정부군과 연합군은 즉각 휴가 병력을 복귀시키는 등 대비책을 강구했으나, 휴가 병력이 그렇게 쉽게 복귀할 수 있는 상황이 아니었다. 다행히도 뗏 당일의 공세는 그렇게 심각하지 않았다.

1968년 1월 31일 새벽, 뗏 명절 다음날, 남베트남의 전역에서 베트콩과 북베트남군이 가담한 대공세가 시작되었다. 그들의 공세는 대부분 주민들이 많이 살고 있는 도시지역에 집중되었다. 그들의 공세가 군사적인 승리를 거두기 위한 목적이라기보다는 외부의 언론에 보여주기 위한 공세였다는 것을 알 수 있는 대목이다. 가장 심각한 곳이 수도 사이공의 미국 대사관과 베트남의 상징적인 고도(故都) 후에(Hue)였다.

당시 남베트남의 수도 사이공(Sai Gong), 현재의 호치민시에는 뗏 명절을 앞두고 시골에서 유입되는 군중 속에 4천여 명의 베트콩이 농민이나 상인으로 가장해 시내로 잠입했다. 그들은 시장 등지에 흩어져 있다가 지정된 시간이 되자 미국 대사관, 떤썬넛(Tan Son Nhat) 공항, 남베트남 정부군 사령부, 대통령궁 등을 차례로 공격했다.

미국 대사관을 공격하는 팀은 택시를 이용한 자살특공대 방식으로 대사관 정문을 공격했다. 대사관 정문에서 폭약이 폭발하고 주의가 산만해지자 그 틈을 이용해 일부 베트콩이 담장을 넘어 대사관 구내로 난입했다. 그들은 경비병에 의해 사살되었지만 난동은 한동안 계속되었다. 그 소동 속에 잠들어 있던 대사는 대피시설로 피란해야 했다.

베트남 중부지역의 후에(Hue)의 상황은 참혹했다. 사이공과 같은 방식으로 5천여 명의 베트콩이 농민이나 상인으로 가장하여 후에 시내로 사전에 침투하였다. 그들은 기습적인 공격으로 후에

의 요충지를 점령한 뒤, 농민복 등을 벗고 군복으로 갈아입었다. 이어 7천여 명의 북베트남 정규군도 후에에 투입되었다. 그들은 남베트남의 관료와 남베트남 정부에 협력했던 인사들을 살해하기 시작했다. 후에가 탈환되기 까지는 25일이나 걸렸는데, 그 사이에 고궁의 도시 후에는 폐허로 변했다.[77]

뗏 공세의 영향

사이공의 시가지 전투는 24시간 동안 계속되었다. 후에를 제외한 나머지 지역은 1968년 2월 10일경 모두 평정을 되찾았다. 뗏 공세의 전투에서 미군 1,100여 명과 남베트남 정부군 2,300여 명이 전사했다. 민간인 사망자는 12,000여 명에 이르렀다. 그러나 베트콩과 북베트남군은 40,000여 명 정도 전사했다. 게다가 그들은 다음 작전의 전개에 지장이 초래될 정도로 장비와 물자, 탄약 등을 소진하였다. 그들이 기대했던 남베트남 주민들의 대규모 호응도 없었다. 군사적 측면에서 본다면 미군과 남베트남 정부군의 압승이며, 남베트남 민족해방전선과 북베트남군의 대패(大敗)이다.

그러나 "아시아의 약소국가를 상대로 한 전쟁에서 곧 이길 것으로 알고 있었던 미군이 고전을 거듭하고 있다."는 사실이 TV뉴

---

[77] 마이클 매클리어(유경찬 역), 「10,000일의 전쟁」, 서울, 을유문화사, 2002, pp.359~392.

스를 통해 국제사회에 생생하게 보도되면서, 미국 국민들과 국제
사회는 베트남전쟁의 실상에 대해 새롭게 인식하게 되었다. 특히
뗏 공세 초기에 "미국 대사관이 베트콩에게 점령됐다."는 오보는
미국 시민들을 경악하게 했다.

뗏 공세 이후부터 미국 언론과 국민들의 여론은 미국의 베트
남정책에 대해 완전히 등을 돌렸다. 국제사회의 여론도 가세했
다. 미국 시민사회는 대규모 반전데모에 나섰다. 베트남전쟁이
이제 미국 사회의 내부를 분열시키는 요인으로 작용하게 되었다.
상황이 이 지경에 이르자 미국의 존슨 정부는 베트남정책을 재검
토하게 되었고, 전쟁을 축소하는 방향으로 전환하였다.

린든 존슨 대통령은 1968년 3월 31일, "1968년 대통령 선거에
출마하지 않겠다."고 선언했다. 이어 존슨 대통령은 북베트남의
호치민 정부에 대해 "미국은 북폭을 중지할 것이며, 언제 어디서
나 평화협상에 임하겠다. 미국의 제안에 즉각 동의해 줄 것을 촉
구한다."라고 했다. 또한 소련과 영국에게도 협상의 성사를 위해
협조해 줄 것을 요청했다.

존슨 대통령의 선언은 "미국이 베트남에서 군사적 승리를 포
기하고 북베트남과 협상으로 문제를 해결하겠다."는 뜻이었다.
세계 최강국인 미국이 북베트남에게 협상을 구걸한 셈이 되었다.
호치민의 입장에선 거부할 이유가 없었다. 결국 베트남전쟁은 한

국전쟁과 마찬가지로 협상테이블에서 마무리짓게 되었다.[78]

5. 남베트남 민족해방전선(NLF)과 북베트남의 전략적 관계

제2차 베트남전쟁 시기 남베트남 민족해방전선(NLF)과 북베트남의 전략적 관계

남베트남 민족해방전선(NLF)과 북베트남의 하노이 정부와의 전략적 관계를 살펴볼 때에는 베트남의 역사적 배경과 지역주민의 정서도 고려해야 한다. 현재의 베트남 민족인 비엣족의 영역은 북부 하노이 일대였다. 그들이 남진(南進)하면서 중부의 참파(Champa)족을 점령해 병합한 시기는 서기 1000년경이었다. 그들은 다시 남진을 계속하여 캄보디아계 민족인 크메르(Khmer)족을 병합하며 최남단 꺼머우(Ca Mau)까지 진출한 것은 불과 260년 전이었다.

그런 연유로 지금도 베트남은 북부와 중부, 남부의 구분이 뚜렷하며, 서로의 자존심도 강하다. 베트남은 현재도 당의 총서기와 주석, 총리를 같은 지역에서 선출하는 경우가 거의 없다. 어떠한 경우에도 북부, 중부, 남부로 삼등분한다. 호치민이 자신이 죽

---

[78] 최용호, 「베트남전쟁과 한국군」(2004), pp.104~106.

은 뒤 자신의 유체를 화장해 북부와 중부 남부에 각각 뿌려달라
고 유언했던 사실에서 그들의 정서를 확인할 수 있다.

이와 같은 베트남의 역사적 배경과 지역주민의 정서는 남베트
남 민족해방전선과 북베트남의 하노이 정부와의 전략적 관계에
도 투영되었다. 남베트남 민족해방전선이 베트남노동당의 승낙
을 받아 결성되었고, 산하의 인민해방군도 베트남노동당 중앙군
사위원회의 직속인 남베트남군사위원회의 지휘를 받으며 활동을
전개하였지만,[79] 현장에서의 구체적인 작전권은 남베트남 민족
해방전선과 인민해방군이 주도권을 가지고 행사하였다. 즉, 현지
의 구체적인 작전권은 대체로 현지의 사정을 가장 잘 알고 있는
현지의 베트콩 지휘관에 의해 행사되었다. 물론 1966년에 접어들
어 미군과 연합군이 대규모로 증파되고, 북베트남군 역시 파병규
모가 확대되면서는 북베트남군이 작전을 주도하는 비중이 높아
졌다.

남베트남 민족해방전선은 북베트남의 절대적인 물자 지원과
지휘를 받으면서도 남베트남 지역에서 독자적인 주도권의 확보
를 위한 노력을 게을리하지 않았다. 남베트남 민족해방전선은 민
족평화연합, 민족민주연합전선 등과 연합하여 마침내 자신들이
장악한 점령지역, 즉 '해방구'에서 국가에 준하는 행정체제를 구축
하였다. 즉, '남베트남공화국 임시혁명정부(Provisional Revolutionary

---

79) 제1장의 "3. 베트남민주공화국과 남베트남 민족해방전선(NLF)" 참조.

Government, PRG)'를 1969년 6월에 수립하였다. 남베트남공화국 임시혁명정부(PRG)는 해방구에서 행정권을 행사하였고, 대대적인 토지개혁을 실시하여 남베트남 주민들의 폭넓은 지지를 확보하였다. 남베트남공화국 임시혁명정부(PRG)는 이를 기반으로 국제사회에서 남베트남지역의 정치세력으로 인정을 받았고, 1973년 1월 파리평화협정의 체결에도 참가하였다.

제3차 베트남전쟁 시기 남베트남 민족해방전선(NLF)과 북베트남의 전략적 관계

파리평화협정이 체결된 이후, 남베트남 민족해방전선의 내부에서는 사이공의 응웬 반 티에우 정부와 협상을 통해 정권을 인수한 후에 남베트남의 독자적인 정권을 수립해야 된다는 의견이 제기되었고, 아울러 남·북 베트남의 통일에 대해서도 남베트남의 독자성을 보장하는 통일방식을 주장하는 의견도 많이 제기되었다.

그러나 파리평화협정이 발효되고 미군 등 연합군이 철수하고 난 후부터, 베트남전쟁의 문제는 군사적인 문제보다 정치적인 결정이 우선했다. 즉, 북베트남의 하노이 정부가 주도적 역할을 하게 되었다. 남베트남 민족해방전선의 역할은 들러리 내지는 보조적인 역할에 불과했다.

게다가 제3차 베트남전쟁에서 주력부대는 북베트남군이었다. 즉, 하노이 정부의 주도 아래 제3차 베트남전쟁이 치러졌다. 제3차 베트남전쟁에서 하노이 정부는 의도적으로 남베트남 민족해방전선과 남베트남공화국 임시정부(PRG) 등을 배제시켰다. 민족해방전쟁인 제3차 베트남전쟁의 모든 결정은 하노이에서 내려졌으며, 전쟁을 위한 병력 역시 거의 대부분 북베트남군으로 충당되었다.

따라서 1975년 4월 30일, 북베트남군의 전차가 사이공의 독립궁(대통령궁)의 철문을 밀치고 진입할 때, 남베트남 민족해방전선의 베트콩들도 독립궁에 난입하여 그들의 깃발, 즉 남베트남공화국 임시혁명정부의 깃발을 게양하였지만, 이로써 그들의 전략적 역할은 끝났다. 남베트남 민족해방전선의 역할은 사실상 사라졌다.

남베트남의 패망 이후 남베트남 민족해방전선(NLF)과
북베트남의 전략적 관계

남베트남의 패망이후, 남베트남 민족해방전선에 의한 남베트남공화국 임시혁명정부는 1년여 동안 존속했다. 그러나 그것은 명목상 존재하는 허수아비였다. 남베트남 민족해방전선과 남베트남공화국 임시혁명정부는 레주언(Le Duan) 베트남노동당 제1서기에 의해 남부의 독자성을 잃게 되었고, 모든 실권을 빼앗겼다.

1969년 호치민이 사망한 뒤, 북베트남의 새로운 리더로 등장한 레주언은 호치민을 능가하는 권력을 행사했는데, 그는 남베트남 중부지역의 꽝찌(Quang Tri)성 출신이었다. 베트남-프랑스 전쟁 시기, 그는 베트남의 남부지역에서 활약하면서 남부의 공산당 조직을 구축하는 산파역을 담당했다. 따라서 그는 출생지가 중부였지만 베트남노동당 내에서는 남부파로 분류되었다.

이처럼 남베트남의 생리와 조직을 가장 잘 파악하고 있던 레주언이 북베트남의 최고 실권자가 되면서 남부의 독자성은 점차 무력화되어 갔고, 1975년 4월 사이공 정부의 패망 이후에는 남베트남공화국 임시혁명정부가 북베트남의 하노이 정부에 흡수되는 방식으로 통합이 이루어졌다.

그런데 북베트남에 의한 남베트남의 흡수통합이 순조롭게 진행된 것만은 아니었다. 남베트남 민족해방전선의 주도세력의 일부는 남부의 독자성, 특수성의 반영을 주장하며 레주언 총서기의 일방적이고 급진적인 통합조치에 강하게 반대하였다. 특히 남베트남공화국 임시혁명정부(PRG)의 법무장관이었던 쯔엉 뉴 땅(Troung Nhu Tang) 등은 하노이 정부의 급진적인 통합조치에 강력하게 저항하였다.

따라서 쯔엉 뉴 땅은 남베트남이 북베트남에 일방적으로 흡수통합된 후 좌절감과 환멸을 느끼고 1978년 보트피플(boat people)로 프랑스에 망명하였다. 그의 증언에 의해 베일에 가려졌던 남베트남 민족해방전선의 실상이 세상에 드러나기 시작하였다. 쯔엉 뉴 땅 외에도, 하노이 정부의 독선에 항거하였던 남베트남 민족해방전선의 인사들은 대부분 권력에서 배제되거나 숙청되었다.[80]

---

[80] 육군본부, 「배반당한 베트남혁명」(팜프렛85-32), 1981

제4장 베트남민주공화국의
공산화 혁명전략과
베트남공화국에 대한 투쟁

[1, 2, 3] 배정호

[4, 5] Trần Quang Minh · 배정호

1. 베트남민주공화국의 남베트남 공산화전략

제네바 휴전협정(1954.7.21)에 따라 베트남이 북위 17도 군사분계선을 경계로 하여 남북으로 분단이 되자, 남북 지역의 베트남인들은 각기 자신의 의사에 따라 남으로, 또는 북으로 거주이동을 할 수 있었다. 이때 남베트남 지역에 거주하던 많은 공산주의자들이 북베트남 지역으로 이동하였다. 당시 남베트남에는 약 50,000∼60,000명 정도의 공산주의자들이 있었는데 거의 대부분이 북베트남으로 넘어갔다. 약 5,000여 명의 정예 공산주의자들만 남베트남에 잔류하였다.

약 5,000여 명의 정예 공산주의자들은 제네바 휴전협정에 따라 1956년 7월에 예정된 남북 베트남의 통일선거에 대비하여 정치공작을 위해 잔류하였다.

그러나 국제냉전이 심화되어 가는 상황에서 남북 베트남의 대치, 통일선거에서 남베트남의 열세 등은 베트남 통일선거의 실현을 어렵게 하였다. 베트남공화국의 응오 딘 지엠(Ngo Dinh Diem) 대통령이 '베트남공화국이 제네바 휴전협정의 당사자가 아님'을 명분으로 내세워 통일선거를 거부함에 따라, 국제기구 감시하의 남북 베트남의 통일선거는 실현되지 못하였다.

베트남민주공화국의 공산화전략의 기조와 단계별 실행전략

제네바 휴전협정 이후, 베트남민주공화국은 남북 베트남의 통일선거를 실현하고 통일선거의 승리를 통해 남베트남을 공산화하는 전략을 추구해 왔다.

이와 같은 공산화전략에 따라 베트남민주공화국은 1955년에 '북베트남조국전선'을 설립하였다. 북베트남조국전선의 핵심 임무는 베트남공화국이 남북 베트남의 통일선거의 실시에 반드시

응하도록 하는 것이었다.[81]

  그러나 응오 딘 지엠 대통령의 거부에 의해 남북 베트남의 통일선거는 무산되었다. 북베트남의 호치민은 선거를 통한 남베트남 공산화전략을 수정하여야 했다. 호치민은 통일전선전술에 의해 남베트남 내의 동조세력을 확산시킨 뒤, 이들을 내세워 베트남공화국의 친미반공 정부를 타도하고 공산화 통일을 이루는 전략으로 전환하였다. 즉, 선거를 통해 공산화를 이룩하는 평화적 노선에서 무력투쟁의 노선으로 전환하였다.

  호치민은 공산화 혁명투쟁에서 '남베트남인들의 손에 의해 남베트남 정부를 타도할 것'[82]을 전략적으로 강조하였다.[83] 왜냐하면, 베트남민주공화국이 베트남공화국의 공산화를 위해 베트남공화국 정권의 타도에 직접적으로 개입하는 것이 국제법상 매우 어려웠고 또 전략적으로 불리하기 때문이었다. 남베트남 공산화 혁명은 〈표4-1〉에 나타난 바와 같이, 남베트남인들이 혁명의 주체가 되고, 민족통일전선 조직을 결성하여 혁명투쟁을 추구하는 전략으로 전개되었다.

---

[81] 福田忠弘, "南ベトナムにおける革命路線の萌芽", 「アジア研究」Vol.51, No4, October 2005, pp. 73-74.

[82] 채명신, 「베트남전쟁과 나」, 서울, 팔복원, 2004, p.80.

[83] 김일성도 남한 공산화혁명은 남한 사람들의 손으로 하라고 지시를 내린바 있다.

〈표4-1〉 베트남민주공화국의 남베트남 공산화전략의 기조

1. 남베트남의 베트남공화국 정부를 타도한다
2. 남베트남 지역의 공산화에는 남베트남 인민이 주체가 되어 혁명과업을 실행한다.
3. 광범한 민족통일전선의 조직을 설립한다.

〈출처〉福田忠弘, "南ベトナムにおける革命路線の萌芽", 「アジア研究」Vol.51, No4, October 2005, pp.70-71.

〈표4-2〉 남베트남의 공산화를 위한 단계별 실행전략

1단계: 통일전선전술에 의한 세력의 규합 및 확산
2단계: 선전전 · 여론전의 전개
3단계: 반정부 투쟁에 의한 정권의 고립화
4단계: 정권의 붕괴
5단계: 공산화의 달성

그리고 남베트남 공산화전략의 실행전략은 〈표4-2〉와 같이 단계별로 전개되었다. 즉, 남베트남 공산화를 위한 혁명전략의 기조는 세력의 규합 및 확산 → 선전전·여론전의 전개 → 반정부 투쟁에 의한 정권의 고립화 → 정권의 붕괴 → 공산화의 달성 등 단계별로 전개되었다. 선전전과 여론전은 정보전과 함께 전개되었고, 정보전을 위한 스파이 침투공작도 적극적으로 추진되었다.

남베트남 공산화를 위한 민족통일 역량의 강화와 조직 정비

호치민과 베트남노동당은 남베트남 공산화전략의 기조에 따

라 민족통일역량의 강화를 추구하였다. 즉, 남베트남 지역 내에 남베트남 공산화전략을 단계별로 실행할 수 있는 조직을 설립하고 정비하였다. 호치민과 베트남노동당은 외형상 베트남민주공화국과 전혀 무관한 조직형태, 즉 외형상 남베트남 민족주의자들의 자생적인 조직 형태로 혁명의 지휘부, 민족통일전선 조직, 베트남노동당의 지부 등을 설립하고 정비하였다.

호치민과 베트남노동당은 남베트남 공산주의세력의 외연 확대를 위해 응오 딘 지엠 정권에 비판적인 모든 계층, 각종 정파, 종교단체, 사회단체 등을 총망라하여 남베트남 민족해방전선(NLF)을 1960년 12월에 결성하고, 이 조직을 현장에서 지휘할 수 있는 '남베트남중앙국(Central Office for South Vietnam N, COSVN)'을 1961년 1월에 설치하였다.

남베트남중앙국(COSVN)은 남베트남의 공산화를 현장에서 체계적으로 지휘하기 위해 정치적으로 군사적으로 체제 정비를 하였다. 정치적으로는 인민혁명당을 1961년 11월에 발족시켰고, 군사적으로는 인민해방군을 동년 12월에 조직하였다.

남베트남 인민혁명당은 남베트남에 잔류한 공산주의자, 구(舊)독립동맹의 병사들을 규합하여 조직되었는데, 응오 딘 지엠 정권에 비판적인 성향의 청년들을 조직적으로 수용하기 위한 공개적인 정치조직체였다. 인민혁명당은 남베트남중앙국의 지도를 받으며, 베트남노동당의 남베트남 지부의 기능을 하였다.

남베트남 인민해방군은 남베트남 내의 무장세력을 재정비하여 편성되었고, 주력군과 지방군, 민병대의 3종류로 구성되었다. 남베트남 인민해방군은 무장투쟁뿐 아니라, 세력 확산을 위한 선전선동, 정치공작 등의 활동도 전개하였다. 주력군과 지방군의 주요 지휘관, 간부들은 북베트남에서 파견된 정규군의 장교들이었다. 남베트남 인민해방군의 무력투쟁은 베트남노동당 중앙군사위원회의 직속인 남베트남군사위원회의 지휘를 받으며 투쟁활동을 전개하였다. 남베트남 인민해방군은 '베트콩'으로 널리 알려져 있는데, 베트콩은 베트남공화국이나 미군 측에서 남베트남 인민해방군을 비하한 통칭이었다.

2. 남베트남의 분열과 응오 딘 지엠 정권 (1955.10.-1963.11.)의 붕괴

베트남공화국의 초기, 응오 딘 지엠(Ngo Dinh Diem) 대통령은 미국의 지원을 받으며 강력한 리더십으로 군과 경찰을 장악하였고, 반공주의 노선을 추구하며 남베트남 사회를 안정시켜 나갔다.

그러나 응오 딘 지엠 정권은 대지주 중심의 토지개혁(1956-1958)에 대한 대다수 농민[84]들의 반발, 카톨릭 우대와 불교 홀대

---

[84] 1960년경 농민은 전체 경제인구의 88%를 점하였다.

등 종교차별, 족벌 독재정치와 부정부패 등으로 인해 1950년대 후반에 접어들면서 국민들의 저항에 부딪치기 시작했다. 1960년 11월에는 족벌 독재정치와 부정부패에 불만을 품은 우파민족주의 성향의 공수부대가 주도하는 쿠데타에 의해 일시적으로 연금을 당하기도 했다.[85]

따라서 응오 딘 지엠 대통령은 공수부대의 쿠데타를 진압한 후, 측근 세력을 중심으로 권력기반을 한층 강화하는 한편, 반대 세력을 한층 가혹하게 탄압하기 시작하였다. 응오 딘 지엠 정권은 농민, 노동자, 학생, 지식인, 종교계 인사의 반정부 시위를 단호하게 진압했고, 혼란 상황을 수습하는 과정에서 반정부 인사들, 민족주의 성향의 사회주의자들, 공산주의자들 등을 탄압하며 체포하였다. 특히 공산주의자들에 대한 소탕을 강화하면서 주요 반정부 인사들을 공산주의자로 몰아 핍박, 체포하였다.

이와 같은 응오 딘 지엠 정권의 독재 탄압정치는 남베트남 사회에서 정치적, 사회적 갈등과 분열이 누적되고 증폭되도록 하였다. 특히 응오 딘 지엠 정권의 불교 등에 대한 종교차별과 탄압은 남베트남 사회를 첨예하게 분열시키며 갈등이 증폭되도록 하였다.

---

85) 유제현, 「越南戰爭」, 서울, 한원, 1992, p.111.

반정부 투쟁과 응오 딘 지엠 정권의 고립화

남베트남 사회의 갈등과 분열은 정부에 대한 불만과 저항을 누적시켰다. 그리고 응오 딘 지엠 정권에 대한 누적된 불만은 격렬한 정부 저항운동 또는 반정부 투쟁으로 표출되었다.

베트남민주공화국은 이와 같은 응오 딘 지엠 정권에 대한 저항운동이나 투쟁이 정권타도 운동으로 확대되도록 전략적 노력을 기울였다. 먼저 베트남민주공화국은 남베트남내 혁명투쟁을 위한 민족통일전선 조직의 결성에 착수하였다. 1960년 12월의 베트남노동당 중앙위원회의 결정에 따라 남베트남 민족해방전선(NLF)이 결성되었다.

남베트남중앙국(COSVN)의 지도 아래 남베트남 민족해방전선은 민족주의를 이념적 성향으로 표방하고 광범한 세력을 결집하면서, 반정부 운동과 정권 타도투쟁을 위해 막후에서 선동하며 정치공작을 전개하였다. 남베트남 민족해방전선은 우선적으로 응오 딘 지엠 정권의 지지기반의 약화에 역점을 두고 선전, 선동, 조직의 강화 등 정치적 활동을 전개하였다.

남베트남 민족해방전선은 민족주의 정서에 호소하면서 남베트남 사회의 모순과 혁명의 필요성을 역설하였고, 응오 딘 지엠 정권을 전략적으로 '미제국주의 주구정권' '족벌독재정권' 등으로 비난하였다. 즉, 남베트남 민족해방전선은 평화적인 선전선동

활동을 통해 일반 대중들에게 응오 딘 지엠 정권에 대한 적개심을 고취시키며 응오 딘 지엠 정권의 지지기반을 약화시키는 한편, 남베트남 민족해방전선의 조직 기반의 강화를 추구하였다.

그러나 응오 딘 지엠 정권이 반정부 저항운동에 대해 강력한 탄압과 진압을 감행하자 남베트남 민족해방전선은 평화적인 선전선동의 차원을 넘어 반정부 투쟁을 적극적으로 전개하였다.

남베트남 민족해방전선은 산하의 노동자해방동맹, 농민해방동맹, 청년해방동맹, 학생해방동맹, 여성해방동맹, 문화해방동맹 등을 동원하여 반정부 투쟁을 적극적으로 전개하였다. 특히, 농촌 지역에서는 정치투쟁과 무력투쟁을 결합하여 전개하였다.[86] 농촌 지역의 대부분 영세농민들은 남베트남의 공산주의자들에게 동조하며 반정부 투쟁을 전개하였다. 도시지역에서는 노동자, 학생, 지식인들, 승려들이 반정부 저항운동을 전개하였다.

응오 딘 지엠 정권 아래 가장 치열했던 반정부 투쟁은 1963년의 불교계의 반정부 투쟁이었다. 1963년의 불교계의 반정부 투쟁은 전국으로 확산되었고, 불교신자들뿐만 아니라 학생, 지식인, 노동자, 농민 등은 물론 카톨릭의 신부, 수녀, 신자들도 참여하였

---

[86] 남베트남 민족해방전선 산하의 인민해방군은 남베트남의 군대, 행정기관 등을 공격했는데, 1962년에는 정치투쟁과 무력투쟁을 결합하여 메콩델타의 852개 전략촌 가운데 547개를 파괴하였다. 유지열 편역, 「베트남 민족해방운동사」, 서울, 이성과 현실, 1989, p.191.

다. 1963년 불교계의 격렬한 반정부 투쟁에서는 6명의 승려와 1
명의 수녀가 분신자살을 하였다.

이와 같은 반정부 투쟁은 응오 딘 지엠 정권으로부터 민심이
멀어지도록 하였고 정치적으로 고립되게 하였다. 남베트남에서
정치적으로 고립되어 가던 응오 딘 지엠 정권은 1963년 11월 대
통령의 군사보좌관 즈엉 반 민(Duong Van Minh) 장군이 주도한 군
사쿠데타에 의해 붕괴되었다.[87]

3. 국가체제의 약화와 응웬 반 티에우 정권
   (1967.9.-1975.4.)의 붕괴

응오 딘 지엠 정권이 1963년 11월의 군사쿠데타에 의해 붕괴
된 후, 베트남공화국은 1964년은 한 해 동안에 7번의 정권교체가
이루어질 정도로 정국이 혼란하였다. 제2차 베트남전쟁이 전개되
고 있는 와중에도 군부의 지도자들은 권력을 장악하기 위해 쿠데
타를 수시로 감행하였고, 그에 따라 정권도 빈번하게 교체되었다.
이처럼 수시로 감행된 군사쿠데타와 잦은 정권 교체로 인해 남베
트남의 정치사회에는 각종 정당, 정치단체들이 우후죽순처럼 생
겨났고, 정국의 혼란은 한층 가중되었다.

---

[87] 응오 딘 지엠 대통령과 남베트남 비밀경찰의 수장이었던 그의 동생 응오
딘 뉴는 사살당했다.

응웬 반 티에우(Nguyen Van Thieu) 장군이 1965년 6월에 권력을 장악할 때까지 10차례의 정권교체가 있었다. 베트남공화국에서는 정국의 혼란뿐 아니라 국가 기강, 군대의 지휘체계, 행정체계, 주요 기관의 능력 등이 심각하게 약화되었다. 특히 군대 지휘체계가 잦은 쿠데타의 후유증으로 무너졌고, 대공정보기관의 역량도 심각한 수준으로 취약해졌다.

응오 딘 지엠 정권 시절, 대공정보기관은 비교적 유능하였다. 공산 프락치들이 베트남공화국의 내부로 침투하기가 어려웠고, 그 이전에 침투했던 공산 프락치들도 적지 않게 색출되었다. 그러나 군사쿠데타에 의해 10차례나 되는 정권교체가 이루어질 때마다 대공정보기관의 전문가들이 물갈이 되면서 대공정보기관의 능력은 매우 약화되었다.[88]

요컨대, 응오 딘 지엠 정권의 붕괴 이후 베트남공화국의 국정운영체제는 잦은 쿠데타와 정권교체로 인해 매우 취약해졌다. 게다가 남베트남 사회에 만연한 부정부패는 관료사회는 물론, 군부까지 오염시켰다.

이처럼 정치적 혼란기에 어려움을 겪던 베트남공화국은 응웬 반 티에우 장군이 실권자로 등장하면서 다소 안정되기 시작하였다. 당시 육군 중장이던 응웬 반 티에우 장군은 1965년 6월 국가

---

[88] 이대용, "평화와 번영 구가한 남베트남 굶주림속에 강성 대군 키운 북베트남", 「한국논단」(2010년 4월), p.34.

지도평의회 의장으로 권력을 장악한 뒤, 1967년 9월의 선거를 통하여 민선대통령으로 등장하였다. 열렬한 친미반공주의자였던 응웬 반 티에우 대통령은 미국의 지원을 기반으로 강력한 반공정책을 전개하면서 사회 혼란의 수습, 체제 정비 등을 추구하였다. 그 결과 베트남공화국은 정치사회적 혼란 속에서 안정을 찾아갔다.

그러나 베트남공화국의 지배층이 이미 부정축재, 황금만능주의에 깊숙이 빠져 들고 있었기 때문에, 응웬 반 티에우 정권이 만연한 부정부패를 해소하고 내부의 부조리를 해결하기에는 역부족이었다.

제2차 베트남전쟁의 확전과 남베트남 민족해방전선 (NLF)의 반정부 투쟁 강화

베트남민주공화국은 남베트남의 혼란 상황을 놓치지 않았다. 응오 딘 지엠 정권의 붕괴 이후 베트남공화국이 정치사회적으로 혼란에 빠지자, 베트남민주공화국은 남베트남의 공산화 혁명에 한층 박차를 가하기 시작했다.

남베트남의 정치사회적 혼란과는 달리, 체제를 안정적으로 구축한 베트남민주공화국은 1964년부터 정규군을 남베트남으로 투입하였고, 그 규모를 점점 확대시켜 나갔다.

미국도 1964년의 '통킹만의 어뢰 공격사건'을 계기로 북베트남 지역에 공중폭격을 하면서 지상군을 파병하였다. 미군의 개입은 점차 증강되다가 응웬 반 티에우 정권이 출범한 이후에 본격적으로 증강되었다. 이로써 제2차 베트남전쟁은 베트남민주공화국 정규군의 개입과 미군의 본격적 참전으로 내전에서 국제전으로 확대되었다.

전쟁의 상황은 미군의 본격적 참전에 의해 베트남민주공화국의 군대와 남베트남 민족해방전선(NLF)의 인민해방군이 고전을 면하지 못하는 상황이 되었다. 베트남민주공화국과 인민해방군은 이와 같은 전쟁의 상황을 전환하기 위해 1968년 음력 설에 뗏 공세를 대대적으로 감행하였다. 즉, 남베트남 민족해방전선의 반정부 공세도 한층 강하게 전개하였다.

남베트남 민족해방전선은 전쟁에 관한 정보수집 등 첩보활동을 강화하면서 베트남공화국 지도층의 부정부패에 대한 투쟁, 미군의 참전을 비판하는 반전평화운동 등을 한층 강력하게 전략적으로 전개하였다. 특히 뗏 공세 이후 미국 등 국제사회에서 베트남전쟁에 대한 부정적인 반전 여론이 형성되자, 남베트남 민족해방전선은 반전평화운동에 역점을 두고 응웬 반 티에우 정권의 고립화를 추구하였다.

반전평화운동과 응웬 반 티에우 정권의 고립화

남베트남에서의 반전평화운동은 응오 딘 지엠 정권의 출범이후 본격적으로 전개되었다. 남베트남에서의 반전평화운동은 '평화운동(1962)', '베트남 민족자주운동(1964)', '평화수호위원회(1965)' 등의 단체에 의해 전개되었고, 1967년 9월의 대통령 선거를 계기로 한층 확산되었다.

1967년 9월의 대통령 선거에서 야당의 대통령 후보였던 쭝딘쥬(Truong Dinh Azu)는 선거 유세에서 반전(反戰), 반미(反美)를 외치며 "내가 대통령으로 당선되면, 무고한 인명을 살상하는 북베트남에 대한 폭격을 즉각 중지시키고 북베트남과의 대화를 통하여 평화적으로 문제를 해결하겠다"[89]고 역설하였다.

쭝딘쥬는 많은 사람들로부터 공산주의자로 의심받았지만 민족주의자, 평화주의자라고 강변하였고, 11명의 후보가 경합한 대선에서 2위로 득표하여 선전하였다.[90] 베트남공화국이 패망한후, 쭝딘쥬는 공산주의자로서 베트남민주공화국의 스파이임이밝혀졌고 미국 FBI에 체포됐다.

---

[89] 당시 이대용 주베트남공화국 공사의 증언, 「미래한국」(2002.4.25)

[90] 1967년 9월의 대선에서 응웬 반 티에우는 38%를 획득하였고, 쭝 딘쥬는 17.3%를 획득하였다.

북베트남의 스파이로서 민족주의자로 위장한 거물 야당정치인 쭝딘쥬의 선동적인 반전반미 연설은 남베트남 사회에서 반전반미의 여론이 조성되는 데 상당한 영향을 끼쳤다.

따라서 1968년 1월의 뗏 공세 이후, '민족민주평화세력연맹'이 남베트남 민족해방전선의 막후 영향 아래 동년 4월에 결성되었다. 반정부 인사인 찐 딘 타오(Trinh Dihn Thao) 변호사를 중심으로 결성된 '민족민주평화세력연맹'은 남베트남의 반전반미운동을 적극적으로 이끌었다.

응웬 반 티에우 정권의 출범 이후에는 불교 승려, 카톨릭 신부 등 종교인들이 남베트남의 반전반미 운동에 적극적으로 참가하였다.

베트남전쟁에 대한 부정적인 반전운동은 뗏 공세 이후에 남베트남 국내뿐 아니라 미국 등 국제사회에서도 활발하게 전개되었다. 미국의 반전주의자들은 1968년에 미국 각지에서 연일 반전집회를 개최하였고, 워싱턴에서는 1969년 10월 15일을 '베트남 반전의 날'로 정하였다.[91] 베트남전쟁에 비판적인 반전운동은 미국뿐 아니라 유럽, 일본 등지에서도 전개되었다.

---

[91] 미국의 베트남 참전에 비판적인 여론이 미국 사회의 공감대를 형성했지만, 많은 미국인들이 반전운동에 참여하지 않았다. 즉, 참여하지 않은 미국인이 참여한 미국인보다 더 많았다. 미국의 베트남 반전운동의 중심은 징집의 대상인 학생들이었다. 박태균, 「베트남전쟁」, 서울, 한겨레출판, 2015, p.199-200.

베트남민주공화국과 남베트남 민족해방전선은 이와 같은 국내외의 반전평화운동에 적극적이고 전략적으로 개입하였다. 베트남민주공화국은 국제사회의 반미운동에 편승하여 미군 철수를 위한 여론전을 전개하였고, 남베트남 민족해방전선은 기존의 반정부 투쟁에 이어 민족주의를 기반으로 반전평화주의 운동에 적극적으로 개입하였다.

남베트남 민족해방전선은 베트남민주공화국의 정규군이 전쟁에 참전한 것을 민족주의의 입장에서 반미투쟁으로 정당화하는 선전전(宣傳戰)을 펼치는 한편, 미군 철수를 겨냥한 반전평화운동을 선동하였다.

그 결과 남베트남 사회에서 베트남민주공화국 정규군의 참전은 민족주의에 입각한 반미투쟁으로 인식되었다. 평화운동은 반전반미여론의 조성과 함께 전개되었고, 1970년대에 접어들어 '제3세력'들에 의해 확산되었다.

응웬 반 티에우 정권에 비판적인 제3세력은 정권 타도를 외치며 민족주의를 이념의 기반으로 한 반미평화운동, 반부패 투쟁을 적극적으로 전개하였다. 제3세력의 세력 확산은 응웬 반 티에우 정권의 고립화의 심화로 이어졌다. 제3세력에는 다른 반정부단체와 마찬가지로, 북베트남과 남베트남 민족해방전선의 적지 않은 프락치들이 침투해 있었다. 베트남이 통일된 후, 응웬 티 빈 (Nguyen Thi Binh) 베트남공산당 부주석은 제3세력이 베트남민주공화국의 승리에 일정부분 기여했다고 평가하였다.

이와 같은 제3세력의 중심에는 즈엉 반 민(Duong Van Minh) 예비역 대장이 있었는데 그는 '민족화합과 화해'를 주창하였던 감상주의적 민족주의자였다. 즈엉 반 민은 응웬 반 티에우 대통령의 퇴진 후에 베트남공화국의 마지막 대통령이 되었다.[92]

응웬 반 티에우 대통령의 퇴진과 베트남공화국의 종말

남베트남의 대다수 국민들이 북베트남의 최고 지도자 호치민을 존경하는 상황에서,[93] 남베트남 사회에 만연된 부정부패는 응웬 반 티에우 정권으로부터 민심을 점점 멀어져 가게 했고, 반전반미 평화운동은 응웬 반 티에우 정권의 고립화를 심화시켜나갔다.

이와 같은 상황에서 미국 사회의 반전 여론의 확산은 리차드 닉슨(Richard M. Nixon) 대통령으로 하여금 미군의 명예로운 철수를 위한 평화협상에 본격적으로 착수하도록 하였다.

따라서 미국과 베트남민주공화국 간에는 중단되었던 평화협

---

[92] 당시 즈엉 반 민의 동생, 즈엉 반 녀트는 북베트남으로 넘어가 북베트남군의 육군 중장으로 근무하고 있었다.

[93] 당시 주월 한국군사령부에 근무하는 타자수들은 베트남 중상류 가정의 출신이고 남베트남 최고 명문대학의 출신이었다. 이들에게 "베트남에서 누구를 가장 존경하느냐"라고 질문했을 때, 그녀들은 한결같이 "북베트남의 최고 지도자 호치민이다"라고 대답하였다고 한다. 최용호 편, 「베트남전쟁총서1」, 서울, 국방부군사편찬연구소, 2002, p.100.

상의 재개를 논의하게 되었다. 베트남민주공화국은 1970년 7월, 미국에게 본격적인 평화회담의 조건으로 ▲미군 철수의 날짜 제시, ▲응웬 반 티에우 정권에 대한 지지 철회, ▲연립정부 수립 원칙의 인정 등을 제시하였다. 즉, 베트남민주공화국과 남베트남 민족해방전선은 미군 철수와 더불어 남베트남의 정치적 혼란을 증폭시키기 위해 친미반공주의자 응웬 반 티에우 대통령의 퇴진을 요구하였다.

응웬 반 티에우 대통령은 파리평화협정의 체결에 매우 강렬하게 저항하였다. 그리하여 1973년 1월의 파리평화협정에 의해 미군은 철수하였지만 응웬 반 티에우 대통령은 물러나지 않았다.

그러므로 파리평화협정의 체결 이후, 베트남민주공화국과 남베트남공화국 임시혁명정부(Provisional Revolutionary Government, PRG)[94]는 1975년 4월에 춘계 대공세를 감행하여 사이공의 포위망을 좁히면서 ▲연립정부의 구성, ▲응웬 반 티에우 대통령의 사임, ▲즈엉 반 민 장군의 대통령 취임 등을 정전협상의 조건으로 제시하며 응웬 반 티에우 대통령의 퇴진을 재차 압박하였다.

여기서 주목되는 점은 반전반미를 외치는 제3세력의 대표적 인물 즈엉 반 민 장군에게 대통령직을 승계시키라는 조건이다.

결국 남베트남 사회의 반정부 투쟁과 정치사회적 분열, 국제

---

[94] 남베트남 민족해방전선(NLF)은 자신들이 장악하고 있는 지역에서 국가에 준하는 행정체제를 구축하기 위해 1969년 6월에 '남베트남공화국 임시혁명정부(PRG)'를 수립하였다.

사회의 반전운동, 사이공의 포위망을 구축한 북베트남의 압박 등으로 응웬 반 티에우 대통령은 사면초가에 빠지게 되어 마침내 퇴진하였다. 베트남민주공화국과 남베트남공화국 임시혁명정부의 요구대로 제3세력의 대표적 인물로서 반전평화운동을 펼쳤던 즈엉 반 민 예비역 대장이 베트남공화국의 대통령이 되었다.

감상적 민족주의자인 즈엉 반 민 대통령은 남베트남공화국 임시혁명정부와의 연립정부 구성을 수락하며 정전협상에 매달리다가 외면당한 채 항복하였다. 즈엉 반 민은 패망한 베트남공화국의 마지막 대통령이 되었다.

4. 불교계의 저항운동과 반정부 투쟁

응오 딘 지엠 정권의 불교 탄압

제네바 휴전협정(1954.7.21)에 따라 남북으로 분단이 되자, 거주지 선택에 따라 북부 베트남 지역의 약 100만 명 정도의 카톨릭 신자들이 남베트남으로 이주하였다.

베트남공화국의 응오 딘 지엠 대통령은 젊은 시절에 카톨릭 신부를 지망할 정도로 독실한 신자였고, 카톨릭을 국교로 발전시키는 구상을 가질 정도로 신앙심이 깊었다. 그는 카톨릭 신자들에 대해 매우 호의적이었다. 적지 않은 카톨릭 신자들이 응오 딘 지엠 정부의 요직에 발탁되었다.

반면에 응오 딘 지엠 대통령은 까오다이교, 불교, 호아하오교 등 베트남의 전통종교에는 매우 부정적이었다. 베트남공화국 인구의 약 80% 이상을 점하던 불교는 소외를 당했고, 불교계 인사들은 정부 요직에서 배제되었다.

응오 딘 지엠 대통령은 불교 차별화 정책을 강력하게 추진하였다. 그는 불교 신자의 카톨릭으로의 강제 개종, 불교 신자들의 재산 몰수, 석가탄신일의 공휴일 지정 폐지, 승려들에 대한 탄압 등 불교계를 박해하였으며, 심지어는 불교 신자를 공산주의자로 몰아 체포하기도 하였다.

이와 같은 응오 딘 지엠 정권의 불교 차별화 및 탄압은 승려들뿐 아니라 불교 신자들의 강한 저항을 불러일으켰다. 베트남공화국의 불교계는 응오 딘 지엠 정권의 불교 차별화 및 박해에 저항하여 대규모 불교대회를 개최하였고, 종교의 평등을 요구하는 탄원서를 응오 딘 지엠 대통령과 국회에 보내기도 하였다.

석가탄신일의 불교 깃발 사건(1963.5.)과 불교계의
저항운동

탄원서 제출, 불교대회의 개최 등 불교계의 온건한 저항은 격

렬한 투쟁적 접근이 아니었기 때문에 그다지 효과가 없었다. 응오 딘 지엠 정권에 대한 불교계의 온건한 저항 활동은 1963년 5월의 '석가탄신일 불교 깃발 사건'을 계기로 새로운 단계의 투쟁으로 전환되었다.

투쟁의 전환점이 된 '석가탄신일 불교 깃발 사건'에 대해 살펴보면, 응오 딘 지엠 정권에서 종교시설의 외부에 깃발을 게양하는 것은 규정으로 허용되지 않았다. 하지만 종교 깃발의 게양 금지 규정은 제대로 준수되지 않았고, 규정의 위반도 그다지 문제가 되지 않았다. 따라서 석가탄신일 2일을 앞둔 1963년 5월 6일, 응오 딘 지엠 정권이 중앙과 지방의 각 사찰에 공문을 보내어 '불교 깃발의 게양 금지' 규정의 준수를 통고하였지만, 각 사찰들은 개의치 않았고 예년대로 석가탄신일을 기념하는 깃발을 게양하였다.

응오 딘 지엠 정권은 이를 좌시하지 않고 문제삼았다. 특히 중부 지역의 고도(古都) 후에(Hue)에서는 경찰이 직접 나서 사찰의 깃발은 물론 각 가정의 불교 깃발을 강제로 내리게 하였고, 심지어 불교 깃발을 땅에 던지며 찢기도 하였다. 그리고 이에 항의하는 승려들 및 신자들을 심하게 탄압하였다. 게다가 불교 신자들이 테러를 당해 사망하는 사건도 발생하였다.

마침내 불교계 고위 인사들을 비롯한 많은 불교 신자들의 원성이 폭발되었고, 남베트남의 곳곳에서 항의 시위가 전개되었다. 즉, '석가탄신일 불교 깃발 사건'을 계기로 불교계 승려 등 불교

신자들이 거리로 나와 행렬을 이루며 항의시위를 벌였다. 남베트남 불교계의 지도부는 응오 딘 지엠 정권을 향하여 '종교의 평등', '불교 신앙의 자유', '불교 차별 정책의 폐기' 등을 요구하였다.

불교계는 응오 딘 지엠 정권의 종교 차별에 저항하는 항의 시위를 전개하면서, 다른 한편으로는 불교계의 거리 행렬 및 시위가 결코 반(反)카톨릭이 아님을 강조하기도 하였다.

불교계 고승(高僧)의 분신자실과 반정부 투쟁의 확산

'석가탄신일 불교 깃발 사건'을 계기로 발발한 불교계의 저항은 시간이 지나면서 점점 강해졌고 확대되어 갔다. 수도 사이공에서는 35명의 승려들이 국회의사당 앞에서 시위행진을 하였고, 이를 계기로 불교계의 항의 행진 및 시위는 남베트남 전역으로 확산되었다. 그리고 각 사찰에서 승려들의 단식 및 절식 투쟁도 시작되었다.

불교계의 저항이 본격적인 투쟁으로 전환되면서, 투쟁을 지도하기 위한 '종교연합위원회'가 1963년 5월 25일에 결성되었다. 일반 국민들은 물론 대학생들도 불교계의 대정부 투쟁에 참여하기 시작하였고, 카톨릭계의 지도자들도 불교계의 투쟁운동을 옹호하기 시작하였다.

이와 같은 불교계의 종교 차별에 대한 투쟁은 불교계의 고승 틱 띠에우 지에우(Thich Tieu Dieu)의 분신자살을 계기로 한층 격렬해졌다. 틱 띠에우 지에우는 1963년 8월 16일에 분신자살을 하면서 불교지도자들에게 저항하라고 호소했고, 이에 자극을 받은 각 사찰의 승려들은 단식 또는 절식 투쟁을 감행하였다.

불교계 승려들의 단식 및 절식 투쟁의 영향으로 사이공, 후에 등 도시 전역에서는 종교 차별에 저항하는 대규모 시위 행렬이 전개되었다. 여기에는 사회단체들뿐만 아니라 지식인, 학생, 진보 성향의 카톨릭 신자, 공무원, 군인 등 다양한 세력들이 참가하였다. 불교계의 투쟁은 남베트남의 농촌지역으로도 확산되었다.

응오 딘 지엠 정권의 무력 진압과 민심 이반

불교계의 종교 차별에 대한 투쟁은 남베트남의 다양한 세력들이 합류하면서 응오 딘 지엠 정권의 독재에 대한 투쟁의 성향을 띠게 되었다. 즉, 남베트남 사회의 다양한 정치사회적 갈등들이 합류되어 폭발하면서 불교계의 투쟁은 응오 딘 지엠 정권의 퇴진 투쟁으로 전환되었다.

이에 응오 딘 지엠 정권은 불교계의 항의시위 및 저항운동에 대해 무자비하게 무력으로 진압하였다. 응오 딘 지엠 정권은 군대를 동원하여 사원을 봉쇄하였고, 불교계의 저항운동에 연루된 승려, 불교 신자, 대학생, 일반 국민들을 체포하였다. 응오 딘 지엠 정권은 1963년 8월 20일에 불교계의 저항운동에 참여한 사찰들을 공격하여 약 25,000명의 승려들을 체포하였다.

그러나 응오 딘 지엠 정권의 군대에 의지한 무력 진압은 많은 남베트남 국민들의 강한 반발을 초래하였다. 응오 딘 지엠 정권에 대한 민심 이반이 가속화되었다. 적지 않은 군부의 장교들도 불교계의 반정부 투쟁을 지지하는 입장을 표명하였다.

응오 딘 지엠 정권의 일부 공무원, 군 장교들의 정치적 이탈이 초래되면서 정권 내부의 균열이 일어났다. 정권 내부의 균열은 응오 딘 지엠 정권에 대한 민심 이반을 한층 심화시켰다.

마침내 응오 딘 지엠 정권은 1963년 11월에 즈엉 반 민(Duong Văn Minh) 장군이 주도하는 군사쿠데타에 의해 붕괴되었다. 1963년 5월의 '석가탄신일의 불교 깃발 사건'을 계기로 일어난 불교계의 저항운동이 전개된 지 6개월 만에 응오 딘 지엠 정권이 붕괴되었다.

불교계의 반정부 투쟁과 베트남민주공화국의 정치공작

불교계의 반정부 저항운동은 베트남민주공화국의 직접적인 지도나 영향을 받으며 시작되지는 않았다. 그러나 불교계의 종교 차별에 대한 저항운동이 도시에서 농촌으로, 그리고 대학생, 지식인, 여러 사회단체들이 합류하여 확산되어 가는 과정에서 남베트남 민족해방전선의 적지 않은 막후 영향력이 작용하였다.

고승 틱 티엔 씨에우(Thich Thien Sieu)의 증언처럼, 옹오 딘 지엠 정권의 몰락의 계기가 된 불교계의 저항운동 및 종교투쟁에 베트남노동당의 직접적인 정치공작은 없었다. 하지만 남베트남 민족해방전선은 불교계의 저항운동 및 투쟁에 지대한 관심을 가지며 옹호하였고, 막후에서 적지 않은 영향을 미쳤다.

베트남노동당의 지도부는 1963년의 불교계 저항운동을 계기로 남베트남 불교세력의 막대한 정치적 영향력을 확인하게 되었고, 불교세력의 정치적 영향력을 중요시하게 되었다. 따라서 그 이후의 불교계의 대정부 투쟁에는 베트남노동당의 지도부가 직간접적인 정치공작으로 개입하였다.

남베트남의 현지에서 공산화 혁명을 지휘하는 남베트남중앙국(COSVN)은 남베트남 민족해방전선에게 지시를 내려 까오다이교, 호아하오교 등의 무장세력으로 하여금 미국에게 대항하도록 하였고, 1967년 4월에는 불교계의 대미 투쟁이 한층 강화되었다.

5. 학생들의 저항운동과 반정부 투쟁

남베트남 학생들의 저항운동

제2차 대전 이후, 프랑스–베트남 전쟁에서 베트남민주공화국이 승리할 때까지 남베트남은 프랑스의 정치적 영향력 아래에 있었다. 남베트남의 고등교육도 프랑스어로 이루어졌다.

제1차 베트남전쟁, 즉 프랑스–베트남 전쟁의 결과, 제네바 휴전협정(1954.7.)이 체결되고 프랑스가 베트남에서 물러남에 따라 남베트남의 학생들은 고등학교, 대학교 등의 교육에서 베트남어의 사용을 요구하였다. 특히, 베트남공화국이 수립되면서 남베트남의 학생들은 고등교육에서 베트남어의 사용을 강력하게 요구하였다. 그 결과 남베트남 지역의 고등학교는 1954년부터 베트남어를 사용하기 시작하였고, 법률학교에서는 1956년에 베트남어의 교과목이 개설되었다. 그리고 대학은 1957년부터 후에대학을 필두로 베트남어를 사용하기 시작하였다.

그런데 학생들의 베트남어 사용 요구는 단순히 교육환경의 개선 차원에서 제시된 것이 아니었다. 학생들의 베트남어 사용 요구는 식민지 교육의 극복, 식민지 문화의 청산 등을 지향한 민족주의 교육·문화운동의 차원에서 제시된 것이었다.

나아가 학생들은 민주교육운동 차원에서 대학의 자율권 확보를 위한 자치운동을 전개하였고, 평화운동 차원에서 대학의 군사교육에 반대하는 저항운동을 전개하였다.

대학의 자치운동은 베트남공화국 정부가 대학교육에 정치적으로 개입하는 것을 막기 위해 일어난 저항운동이었다. 대학 자치권의 확보를 위한 저항운동에는 학생들뿐 아니라 많은 대학의 교수들, 강사들도 대학의 자율을 주장하며 참가하였다. 대학 자치운동은 정부의 억압을 받으면서도 점점 그 규모가 커져갔다.

대학의 군사교육은 베트남공화국이 공산주의자들의 위협에 대응하기 위해 대학생들을 초급장교로 양성하는 군사교육이었다. 즉, 우수한 병력 자원을 확보하기 위한 군사교육이었다.

그러나 대학생들은 반전평화운동의 영향을 받아 대학생 군사교육 및 훈련에 반대하였고, 시위, 동맹휴학 등으로 저항하였다. 대학생들은 군사교육 및 훈련의 중지를 요구하였을 뿐 아니라 징병제의 폐지도 주장하였다. 이처럼 대학생들은 반전평화운동 차원에서 대학의 군사교육에 반대하는 저항운동을 전개하였다.

그러므로 대학생들의 군사교육에 대한 저항운동은 민족주의의 정서에 호소하며 반미, 반전, 평화 등을 외치면서 전개되었고, 그 규모는 시간이 흐르면서 많은 지식인들이 참가함에 따라 점점 커져 갔다.

학생들의 저항운동이 지식인들의 동조를 확보하며 확산되는 과정에는 남베트남 민족해방전선(NLF)이 막후에서 조직적으로 개입하였다. 즉, 남베트남 민족해방전선의 막후 지휘 아래 학생들의 저항운동은 반정부 투쟁, 정권타도운동 등으로 전개되었다.

남베트남 학생들의 저항운동과 남베트남 민족해방전선 (NLF)

베트남노동당의 혁명투쟁에서 남베트남 학생들은 혁명역량의 강화를 위한 중요한 존재였다. 남베트남 학생들의 저항운동이 도시지역의 투쟁에서 전략적으로 중요한 역할을 하기 때문이었다.

따라서 베트남노동당은 남베트남 학생들의 조직적인 반정부 투쟁 활동을 위해 1960년 12월에 결성된 남베트남 민족해방전선 산하에 '학생해방동맹'을 조직토록 하였다. 남베트남 민족해방전선은 학생들을 대상으로 남베트남 사회의 부정부패, 반전평화 등의 선전전을 전개하며 그들을 포섭하였고, 1961년 1월에 '남베트남 학생해방동맹'을 조직하였다.

강령에 명기된 남베트남 학생해방동맹의 활동 방향은 학생들의 정당한 권리를 위한 투쟁뿐 아니라 미국 제국주의 및 친미세력의 억압으로부터 남베트남의 해방, 응오 딘 지엠 정권의 타도, 민족민주주의 연합정부의 구성, 평화통일을 위한 중립외교의 전개 등을 위해 투쟁하는 것이었다.

그러므로 남베트남 학생해방동맹 소속의 학생들은 자신들의 정체를 철저히 감춘 채 대중적인 학생들의 저항운동에 침투하였다. 그리고 저항운동의 방향이 학생들의 권익 확보를 위한 투쟁뿐 아니라 베트남공화국 정권의 고립화 및 정권타도 등을 지향하도록 유도하였다. 남베트남 학생들의 저항운동은 민족주의 교육·문화운동, 대학의 자치권 확보를 위한 민주주의운동, 군사교육 및 훈련에 반대하는 평화운동 등으로 전개되었지만, 남베트남의 공산화 혁명을 위한 투쟁의 일환으로 이용당하였다.

많은 학생들과 지식인들도 자신들이 공산주의자의 통일전선 전술에 휘말려 남베트남의 공산화 혁명을 위한 투쟁에 이용당하는 것을 전혀 의식하지 못한 채, 학생들의 반정부 저항운동에 동조하고 가담하였다.

제5장 베트남공화국의 제3세력과 내부의 적

[1] 배정호·Trần Quang Minh · Dinh Quang Hai

[2, 3, 4, 5, 6] Dinh Quang Hai · 배정호

[7] Pham Hong Thai · 배정호

1. 베트남공화국 정보기관의 약화와 북베트남
   스파이들의 침투

베트남전쟁은 다른 어느 전쟁보다도 공작원, 첩보원 등 소위 스파이들의 활약이 영향을 많이 미친 전쟁이다.

베트남전쟁에서 북베트남의 스파이들은 남베트남의 정부기관과 군대에는 물론, 언론계, 학계, 종교계, 문화예술계 등 거의 모든 분야의 조직에 침투하여 거미줄 같은 첩보망을 구축하고 다양한 활동을 전개하였다.[95]

---

95) 채명신, 「베트남전쟁과 나」, 서울, 팔복원, 2006, p.483.

북베트남의 스파이들은 각종 정보의 수집 및 분석뿐만 아니라, 교묘한 선전모략, 이간책, 선전선동 등을 통하여 반정부 시위, 반정부 투쟁 등을 유도하며 사회 분열, 국론 분열, 정부 불신 등을 조장하였고, 응오 딘 지엠 정권, 응웬 반 티에우(Nguyen Van Thieu) 정권의 고립화를 추구하였다.

특히 남베트남의 베트남공화국이 잦은 쿠데타와 정권교체에 의해 정치적 혼돈에 빠져 정보기관의 역량이 취약해지자, 북베트남의 하노이 정부는 베트남공화국으로 많은 스파이들을 침투시켰고, 스파이들은 통일전선전술의 정치전쟁을 위해 다양한 활동을 적극적으로 펼쳤다. 그들은 베트남노동당 중앙위원회의 지령에 따라 활동을 전개하였고, 그 지휘계통은 대체로 베트남노동당 중앙위원회 → 남베트남중앙국(COSVN) → 남베트남 민족해방전선(NLF)이었다.

남베트남 정보기관의 약화와 북베트남 스파이들의 침투

불교계의 격렬한 반정부 투쟁이 남베트남 전역으로 확산되면서 남베트남 사회는 여러 단체들의 반정부 시위 등으로 정치사회적 혼란에 빠지게 되었다.

남베트남 지역의 공산세력 즉 남베트남 민족해방전선(NLF) 등은 이와 같은 정치사회적 혼란을 이용하여 민족주의를 이념적 성향으로 표방하며 광범한 세력을 결집하였다. 그리고 남베트남 민족해방전선 등은 남베트남 사회의 반정부 운동을 선동하며 응오 딘 지엠 정권을 타도하기 위한 정치공작을 전개하였다. 즉, 남베트남 민족해방전선 등은 응오 딘 지엠 정권을 '미제국주의 주구정권' '족벌 독재정권' 등으로 비난하며, 민족주의 정서에 호소한 반정부 투쟁을 선동하였다.

그 결과, 응오 딘 지엠 정권은 민심 이반의 심화에 의해 정치적 고립화로 내몰리면서 붕괴되었다. 즉, 대통령 군사보좌관 즈엉 반 민(Duong Van Minh) 장군이 1963년 11월에 주도한 군사쿠데타에 의해 응오 딘 지엠 대통령은 암살을 당하고 정권은 붕괴되었다

응오 딘 지엠 정권의 붕괴 이후 베트남공화국은 제2차 베트남전쟁의 와중에도 불구하고 계속되는 군사쿠데타에 의해 심각한 정치적 혼돈의 늪에서 어려움을 겪었다. 1964년은 한 해 동안에만 7번의 정권교체가 이루어질 정도로 정국이 혼미하였는데, 응웬 반 티에우 장군이 1965년 6월에 권력을 장악할 때까지 무려 10차례의 정권교체가 이루어졌다.

잦은 쿠데타와 정권교체의 후유증으로 인해 베트남공화국의 국가 기강, 군대의 지휘체계, 행정체계, 주요 기관의 능력 등이 상당히 약화되었다. 특히 정보기관의 대공분야가 심각한 수준으로 취약해졌다.

응오 딘 지엠 정권에서는 대통령의 철저한 반공노선의 영향으

로 인해 대공정보기관이 비교적 유능하였다. 그러나 군사쿠데타
에 의해 정권교체가 이루어질 때마다 대공정보기관의 전문가들이
물갈이 되면서 대공정보기관의 능력은 상당히 무력화되었다.[96]

그러므로 응오 딘 지엠 정권의 붕괴 이후부터 응웬 반 티에우
정권이 등장할 때까지, 즉 정치적 혼돈기에, 북베트남의 군대는 남
베트남으로 대거 침투하였고, 북베트남의 스파이들도 베트남공화
국의 정부기관, 군 등을 비롯하여 각계각층으로 침투하였다.

이 시기에 남베트남 민족해방전선은 많은 산림지역을 장악하
여 중부지역에 위치해 있는 즈엉선(Truong Son)[97]이라는 산에 북
베트남의 군대가 남베트남으로 대거 침투할 수 있는 통로를 만들
었다. 북베트남의 군대는 이 통로를 통하여 남베트남으로 쉽게 침
투하였다. 남베트남 민족해방전선과 북베트남군은 산악 및 농촌
지역에 소위 '공산혁명'을 위한 기반들을 조성하고 확산하였다.

그리고 도시지역에서는 대공정보기관의 무력화 덕분에 북베
트남 스파이들이 비교적 쉽게 침투하여 활동을 전개하였는데, 베
트남공화국의 행정부, 경찰, 군대, 언론계, 학계, 종교계, 문화예술
계, 시민단체 등 거의 모든 분야에 침투하여 인맥을 구축하고 첩

---

[96] 이대용, "평화와 번영 구가한 남베트남 굶주림속에 강성 대군 키운 북베트
남", 「한국논단」(2010년 4월), p.34.

[97] 즈엉선은 베트남 중부지역의 호치민 루트가 지나는 지역에 위치해 있는 산
의 이름인데, 북베트남인들에게는 '해방전쟁의 성소'로 알려져 있다.

보망을 구축하였다.

그러므로 남베트남 지역의 소위 '해방구'를 통치하는 남베트남공화국 임시혁명정부(PRG)가 출범한 1969년 즈음에는 응웬 반 티에우 대통령이 주재하는 주요 전략회의의 극비정보, 남베트남 군사사령부의 기밀 정보 등이 1일정도 경과하면 침투해 있는 첩보공작원들에 의해 북베트남의 베트남노동당이나 남베트남공화국 임시혁명정부에 전달되었다. 즉, 남베트남에서는 사회 전반에 걸쳐 첩보망이 구축되는 위기상황이 초래되었다.

그러나 이에 대응할 수 있는 남베트남 대공정보기관의 능력은 쉽게 복원되지 않았다. 즉, 한 번 무너진 남베트남 대공정보기관의 능력은 쉽게 회복되지 못했고, 정치전쟁에 대응하는 베트남공화국의 능력은 심각한 수준으로 취약해졌다.

북베트남의 스파이들의 활동

북베트남 스파이들의 기본적인 활동은 베트남전쟁에 관한 기밀정보의 수집과 분석이었고, 그 외 사회분열 및 국론 분열의 조장, 친미반공 정권에 대한 투쟁과 정권의 고립화 등을 위한 정치공작이었다. 이를 위해 북베트남 스파이들은 남베트남의 행정부, 경찰, 군대 등은 물론 언론계, 학계, 종교계, 문화예술계, 사회단체 등 거의 모든 분야에 침투하여 주요 인맥들을 구축하였다.

남베트남에서 수집된 주요 정보들은 보고서로 작성되어 북베트남의 베트남노동당을 비롯하여 대남베트남 공작본부 또는 군사첩보기관 등에 전달되었다. 정보 수집 및 전달에 관한 북베트남 스파이들의 능력은 앞서 언급한 바와 같이, 대단했다. 대통령궁의 극비정보, 남베트남 군사사령부의 주요 기밀 정보 등이 1일 후에는 북베트남의 첩보기관, 남베트남공화국 임시혁명정부(PRG)에 전달되었다.

그들의 능력은 대단했는데, 그 대표적 인물이 베트남전쟁의 최고 스파이 팜 쑤언 언(Pham Xuan An), 대통령 정치고문 부 응옥 냐(Vu Ngoc Nha) 등 이었다.

매우 유능했던 스파이 팜 쑤언 언은 로이터(Reuters) 통신사의 베트남지사 등에 근무하면서 언론계, 군, 정보기관, CIA 베트남지부 등에 폭 넓은 인맥을 구축하였고, 1960년 전쟁 발발 시부터 1975년 베트남전쟁이 종료될 때까지 498건의 보고서를 북베트남의 첩보기관으로 보냈다. 이 외에 응오 딘 지엠 대통령 및 응웬 반 티에우 대통령의 정치고문 부 응옥 냐, 응웬 반 티에우 대통령의 정치보좌관 후잉 반 쫑(Hunh Van Trong) 등도 첩보스파이로 활동하였다.

이와 같은 거물급 첩보스파이들의 활동 덕분에 북베트남의 지휘부는 남베트남의 정치, 군사 등 주요 상황을 정확하고도 소상하게 파악할 수 있었다. 특히 베트남전쟁의 주요 전투인 업박 전투와 뗏 공세(구정 총공세), 라오스지역의 호치민 루트에 주둔하고 있는 북베트남군에 대한 남베트남군의 '람손 719 기습공격작전' 등의 경우, 북베트남군은 팜 쑤언 언이 사전에 비밀리에 **빼낸** 군사기밀정보를 군사작전의 수립에 매우 유효하게 활용하였다.

북베트남 스파이들의 남베트남 군대에 대한 정치공작

북베트남 스파이들의 남베트남 군대에 대한 정치공작은 군사 기밀정보의 유출에 역점을 두면서, 군 장교 등의 포섭, 군의 분열 및 사기 저하, 미군의 지원 물자 유출 등을 추구하였다.

베트남노동당과 남베트남중앙국은 팜 쑤언 언과 같은 거물급 스파이를 활용하여 남베트남군의 군사 기밀정보를 확보하는 한편, 북베트남에 비교적 우호적인 장교들을 포섭하여 첩보원으로 이용하면서 거점의 구축을 추구하였다. 즉, 북베트남은 '거점을 이용한 거점의 확산'을 추구하였다.

또 베트남노동당과 남베트남중앙국은 남베트남 군대에 공산 프락치를 침투시켜 장교, 병사 등을 대상으로 민족통일, 반전반미평화 등의 선무공작을 전개하면서 군의 내부 분열과 사기 저하를 꾀하였으며, 부패한 남베트남 군인들을 포섭하여 미군의 지원 무기, 물자 등을 **빼내기도** 하였다.[98]

---

98) 남베트남 군인들에 대한 접근은 상황에 따라서 가족들에게 먼저 접근하여 포섭공작을 전개하였고, 가족들을 이용하여 군인들을 첩보원으로 포섭하였다.

베트남공화국의 군 내부에도 적지 않은 공산첩보망이 구축되었다. 군의 대표적 스파이로는 베트남공화국의 패망시, 전(全)베트남공화국의 군대에게 항복 명령을 하달한 총참모장 직무대행 응웬 휴 하잉(Nguyen Huu Hạnh) 준장이 있다.

북베트남 스파이들의 정치공작

북베트남 스파이들은 베트남공화국의 사이공 정부를 고립화시키기 위해 사회 갈등과 분열, 국론 분열 등을 조장하는 활동을 전개하였다. 즉, 북베트남 스파이들은 자신들의 정체를 감추고 반정부 저항운동의 불교계 등 종교단체, 반부패운동단체 및 반전평화운동단체 등 각종 정치사회단체에 침투하였으며, 국론분열과 정권에 대한 민심 이반을 조장하기 위해 격렬한 반정부투쟁을 유도하면서 막후에서 정치공작을 전개하였다.

주요 정치공작의 사례로는 1967년 9월의 대통령 선거 유세를 이용한 '반전반미' 공작을 들 수 있다. 북베트남의 거물 간첩으로 야당후보로 출마한 쯩딘쥬(Truong Dinh Azu)는 1967년 9월의 대통령 선거의 유세에서 "무고한 인명을 살상하는 북베트남에 대한 폭격을 즉각 중지시키고, 북베트남과의 대화를 통하여 평화적으로 문제를 해결해야 한다"고 주장하면서 반전반미 운동을 부채질하였다. 대통령 선거 유세를 이용한 쯩딘쥬의 '반전반미' 공세는 남베트남 사회에서 반전평화운동이 활성화되는 데 상당한 영향을 미쳤다.

그리고 1970년대 초중반에 제3세력이 주도한 반전평화운동에
도 북베트남의 스파이들이 적지 않게 개입하였다. 그들은 민족화
합, 미군철수, 친미반공의 응웬 반 티에우 정권 타도 등을 골자로
하는 반전반미운동의 전개를 유도하였다.

즈엉 반 민 예비역 대장을 대표로 하는 '제3세력'의 반전평화
운동에는 남베트남 민족해방전선의 공작원들이 자신의 신분을
숨긴 채 침투하여 실무 관계자로 참가하였다. 또 대통령 정치고
문 부 응옥 냐 등 거물 간첩들은 '제3세력'의 리더인 즈엉 반 민
예비역 대장과의 정치적 인맥을 이용하여 막후에서 반전반미운
동이 전개되도록 유도하였다. 요컨대, 북베트남의 스파이들은 제
3세력의 반전반미운동을 민족주의를 기반으로 한 반전평화운동
으로 포장하면서, 이를 이용하여 응웬 반 티에우 정권의 고립화,
붕괴를 추구하였다.

2. 베트남공화국의 제3세력

1970년대에 접어들면서 남베트남 사회는 갈등과 불신, 저항과
시위, 투쟁 등으로 혼란이 한층 가중되었다. 특히 수도 사이공을
비롯한 도시지역은 반부패투쟁, 반전반미의 평화운동이 격렬하

게 전개되었다.

이와 같은 혼돈의 상황에서 응웬 반 티에우(Nguyen Van Thieu) 정권에 비판적인 소위 '제3세력'이 세력을 확산하기 시작하였다. 제3세력은 파리평화협정의 교섭 기간에 반전평화운동의 전개과 정에서 본격적으로 구축되기 시작하였고, 반부패운동, 반전평화 운동 등을 주도하며 반정부투쟁을 전개하였다.

'제3세력'이라는 용어는 호치민 주석의 사망 이후, 베트남민주 공화국을 이끌었던 베트남노동당의 레주언(Le Duan) 제1서기에 의해 1972년에 처음 사용되었다. 즉, 레주언 제1서기가 1972년 남 베트남중앙국(COSVN)에 보낸 편지에서 제3세력이라는 용어를 처음으로 언급하며 사용하였다.

제3세력과 즈엉 반 민

제3세력에는 응웬 반 티에우 정권에 비판적인 지식인층의 인 사들이 대거 참가했는데, 이들의 이념적 성향은 반전반미의 감상 주의적 민족주의였다.

제3세력의 대표적 리더는 즈엉 반 민(Duong Van Minh) 예비역 대장이었는데, 즈엉 반 민 장군은 1963년 11월에 대통령 군사보 좌관으로 응오 딘 지엠 대통령을 축출하는 군사쿠데타를 주도하였고, '군사적 수단으로 베트남전쟁을 해결할 수 없으며', '민족 화합과 화해만이 평화로 가는 유일한 길이다'고 주장하는 인물이 었다.

그러므로 응웬 반 티에우 대통령의 퇴진 후, 베트남공화국의 마지막 대통령이 된 즈엉 반 민은 사이공의 함락을 앞둔 시점에 서 남베트남공화국 임시혁명정부(PRG)가 요구한 연립정부의 구 성을 수락하며, 협상을 통한 전쟁의 해결을 시도하였다. 그의 순 진한 시도는 좌절에 부딪쳤고, 그는 결국 베트남민주공화국의 군 대와 베트콩의 무력 앞에 항복하였다.

그러므로 베트남노동당의 제1서기 레주언은 즈엉 반 민과 같 은 감상주의적 민족주의자들이 이끄는 제3세력에 대해 북베트남 의 협력세력이 될 수 있다고 판단하고, 남베트남 민족해방전선 (NLF) 등을 통하여 제3세력이 광범한 세력으로 성장할 수 있도록 막후에서 지원하라고 지시하였다.

파리평화협정 체결 이후 제3세력의 활동

파리평화협정의 체결 이후 제3세력은 파리평화협정의 조속한 이행, 민족의 평화와 화해 등 평화투쟁을 주도하며 큰 세력으로 성장하였다. 제3세력이 주도하는 반전반미 평화투쟁, 반부패투쟁 에 정치성향이 다른 많은 단체들이 참가하였다.

예컨데 카톨릭교, 불교, 호아하오교, 까오다이교 등 종교계가 참여한 가장 큰 조직인 '인민 기근구제전선'을 비롯하여 '화해, 화합, 평화를 위한 각 종교전선', '여성의 생존권 요구 운동단체', 민족화합화해의 불교단체, '파리협정이행을 요구하는 인민조직', '언론의 자유를 위한 투쟁위원회', '제3세력의 정치범들의 석방을 요구하는 위원회', '노동자들의 권리를 보호하는 위원회', '자유, 민주, 평화를 위해 투쟁하는 입법자 단체' 등 다양한 각계각층의 단체들이 제3세력이 주도하는 반전반미 평화투쟁, 반부패투쟁 등에 참가하였다.

제3세력에는 적지 않은 공산 프락치들이 침투하여 활약하였다. 제3세력에 소속된 단체들의 대표는 비공산주의자였지만, 실질적으로 단체를 운영하는 실무진에는 신분을 감춘 공산 프락치들이 많이 침투하여 활약하였다. 공산 프락치들은 제3세력의 반전반미 평화투쟁, 반부패투쟁 등을 격렬한 반정부 투쟁으로 유도하며 응웬 반 티에우 정권의 고립화, 붕괴를 추구하였다. 또 응웬 반 티에우 대통령의 고문으로 거물간첩이었던 부 응옥 냐(Vu Ngoc Nha), 팜 쑤언 언(Pham Xuan An) 기자 등은 즈엉 반 민 제3세력의 대표와 친밀한 관계를 맺으며 막후에서 이를 지원하였다.

요컨대 파리평화협정의 체결 이후, 제3세력의 활동은 남베트남을 한층 더 분열시키며, 응웬 반 티에우 정권의 붕괴와 베트남공화국의 몰락에 정치사회적으로 기여하였다고 평가할 수 있다.

베트남이 통일된 이후, 베트남공산당 부주석인 응웬 티 빈(Nguyen Thi Binh)은 제3세력의 활동이 베트남민주공화국의 승리에 일정 부분 기여하였음을 인정하였다.

그러므로 즈엉 반 민은 베트남공화국의 마지막 대통령으로 체포되었지만, 형무소에 가지 않았다. 북베트남이 그의 제3세력 활동, 베트남전쟁에서의 항복선언 등을 고려해 주었기 때문이다. 베트남공화국의 패망 이후 그는 사이공(지금의 호치민시)의 자택에서 거주하였다. 즈엉 반 민은 1981년 프랑스에 병 치료차 출국하였다가 귀국하지 않고 1988년에 미국으로 갔으며, 2006년에 미국에서 사망하였다.

3. 베트남전쟁의 전설의 스파이, 대통령의
정치고문 부 응옥 냐

베트남공화국의 응오 딘 지엠 대통령과 응웬 반 티에우(Nguyen Van Thieu) 대통령의 고문이었던 부 응옥 냐(Vu Ngoc Nha)는 북베트남을 위해 스파이 활동을 한 베트남전쟁의 전설적인 거물 간첩이다.

부 응옥 냐는 1928년 3월 30일에 북베트남의 타이빈(Thai Binh)성에서 태어났는데 실제 이름은 부쑤언이었다. 그는 어렸을 때

카톨릭계 학교를 다녔고, 하노이에서 고등학교를 다니면서 공산
주의 사상에 접하게 되었다.

부 응옥 냐는 1946년 말에 프랑스-베트남 전쟁에 참전하였고,
1951년에는 프랑스 점령지역에 잠입하여 활동을 펼치기도 하였
다. 프랑스 점령지역에 잠입하면서 부 응옥 냐라는 가명을 사용
하기 시작했다. 이후 부 응옥 냐는 북베트남의 군사첩보기관에
근무하면서 카톨릭교계에서 활동하고 있는 간부들의 교육을 담
당하였다.

남베트남으로 파견

북베트남 지휘부는 1954년 제네바 휴전협정 직후에 남베트남
의 공산혁명화를 위해 공작원들을 남베트남으로 파견할 것을 결
정하였다. 이때 부 응옥 냐도 황 민 다오(Hoang Minh Dao) 군사첩
보기관장의 지시를 받고 공작원들 가운데 한 명으로 남베트남에
파견되었다.

그는 아내와 딸과 함께 제네바 휴전협정의 규정에 따라 남베트
남으로 이주하는 카톨릭 신자들 틈에 섞여 프랑스 해군함을 타고
사이공으로 왔다. 그는 사이공에서 카톨릭 성당을 중심으로 활동
을 전개하였고, 마침내 황꾸잉(Hoang Quynh) 신부의 호감을 사서 레
휴뜨(Le Huu Tu) 주교의 보좌관이 되었다. 이리하여 부 응옥 냐는

남베트남에서 스파이 활동을 위한 안정적인 거점을 마련하였다.[99]

그러나 1958년 12월 말, 부 응옥 냐는 중부 특별공작단의 배신자에 의해 밀고되어 '또아 컴후에(Toa Kham, Hue)' 형무소에 구속되었다. 부 응옥 냐는 황꾸잉 신부의 도움을 받으며 치밀하게 대응하여 실형을 선고받지는 않았지만 1961년까지 감금생활을 하였다.

감금기간 동안 부 응옥 냐는 형무소 내에 수감되어 있던 다른 스파이들과 접촉하였다. 응우옌 쑤웬 호애(Nguyen Xuyen Hoe), 부 휴 루엇(Vu Huu Ruat), 응웬 쑤언 동(Nguyen Xuan Dong) 등인데, 이들은 나중에 부 응옥 냐를 중심으로 하는 'A22 첩보팀'의 핵심 요원이 되었다.

또 부 응옥 냐는 함께 수감되어 있던 공산첩보계의 지도자인 므어이 흐엉(Muoi Huong)으로부터 정보활동 등 첩보활동의 지도를 받기도 하였다. 그 이후 그는 첩보활동의 방법을 바꾸어 활동하였다.

응오 딘 지엠 대통령의 정치고문으로 활동

부 응옥 냐는 자신의 남베트남 정세에 대한 분석 능력을 기반

---

[99] 그는 남베트남에 들어온 후 하이 롱(Hai Long), 하이 냐(Hai Nha) 등의 이름을 자주 사용했다.

으로 활동을 전개하였다. 특히, 그의 정세분석보고서 "제도를 위협한 4가지 위기"(1959)는 베트남공화국 지도층의 주목을 받았다. 정세분석보고서 "제도를 위협한 4가지 위기"(1959)에서 부 응옥 냐는 쿠데타의 발생을 예측했는데, 실제로 1960년 11월에 쿠데타가 발생함에 따라 응오 딘 지엠 대통령과 그의 동생 응오 딘 뉴(Ngo Dinh Nhu) 비밀경찰기관의 수장으로부터 능력을 인정받게 되었다.

부 응옥 냐는 이를 최대한 전략적으로 활용하였다. 부 응옥 냐는 먼저 자신의 정세분석 능력에 대한 응오 딘 지엠 대통령 및 응오 딘 뉴 비밀경찰 수장의 신임을 감금생활에서 벗어나는 데 이용하였다. 마침내 1961년 부 응옥 냐는 2년 동안의 감금생활에서 풀려났다.

자유로운 신분이 된 부 응옥 냐는 "레휴뜨 카톨릭 주교의 보좌관"이라는 신분을 활용하여 응오 딘 지엠 대통령과 응오 딘 뉴 비밀경찰 수장에게 적극적으로 접근하였다. 그 결과 그는 응오 딘 지엠 대통령 및 응오 딘 뉴 비밀경찰 수장과 카톨릭 신자들 사이의 '정보 연락책' 역할을 맡게 되었다.

그는 제네바 휴전협정에 따라 북베트남에서 남베트남으로 이주해 온 약 100만의 카톨릭 신자들과 응오 딘 지엠 대통령 및 응오 딘 뉴 비밀경찰 수장 사이의 정보 연락책 역할을 아주 성실하게 잘 수행하였다.

부 응옥 냐는 응오 딘 지엠 대통령 및 응오 딘 뉴 비밀경찰 수장으로부터 능력을 인정받으며 신임을 얻어 갔고, 이를 기반으로 정계 및 군부에 대한 영향력도 확보하였다. 이때부터 그는 '대통령의 고문'으로 불렸다. 부 응옥 냐는 대통령 정치고문의 신분을 활용하여 정계 및 군부에 인맥을 구축하여 주요한 정보들을 수집하였고, 고급정보들을 북베트남으로 보냈다.

응웬 반 티에우 대통령의 정치고문으로 활동

부 응옥 냐의 스파이 활동은 1963년 11월 군사 쿠데타에 의해 응오 딘 지엠 정권이 붕괴된 이후에도 계속되었다.

1963년 11월의 군사 쿠데타 이후, 정치적 혼란기에 카톨릭 세력은 황꾸잉 신부의 주도 아래 급속하게 성장하였다. 부 응옥 냐도 여기에 편승하여 자신의 입지를 한층 강화해 갔다.

잦은 쿠데타의 악순환 속에서 1965년 말, "젊은 장군들 사이"에 격렬한 권력투쟁이 있었는데, 이때 부 응옥 냐는 황꾸잉 신부의 소개로 군부의 실세 응웬 반 티에우(Nguyen Van Thieu) 장군에게 전략적으로 접근하였다.

부 응옥 냐는 또 다시 응웬 반 티에우 장군과 카톨릭계와의 정보 연락책이 되었다. 그는 응웬 반 티에우 장군의 정보참모로서 역할을 아주 훌륭하게 수행하였다. 특히 1967년 9월의 대통령 선거에서 부 응옥 냐는 응웬 반 티에우 후보가 대통령으로 당선되는데 참모로서 상당히 기여하였다.

그리하여 부 응옥 냐는 응웬 반 티에우 대통령의 신임을 받는 정치고문이 되었고, 응오 딘 지엠 정권의 시절보다 훨씬 강한 영향력을 확보하였다.

북베트남의 A22 첩보팀 구성과 운영

북베트남은 부 응옥 냐를 통하여 남베트남의 보다 많은 고급정보를 얻기 위해 네트워크 조직인 'A22첩보팀'을 조직하였다. A22첩보팀은 부 응옥 냐의 고급정보 수집활동을 지원하는 팀인데, A22는 부 응옥 냐의 암호명이었다.

A22첩보팀은 남베트남공화국 임시혁명정부(PRG)의 군사첩보부 부부장인 응웬 득 찌(Nguyen Duc Tri)의 직접 지휘를 받았고, 부 응옥 냐는 A22첩보팀의 부팀장으로서 활동하였다. A22첩보팀의 주요 공작원들은 부 응옥 냐가 응오 딘 지엠 정권 시절의 감금 기간에 접촉하였던 응웬 쑤언 호애, 부 휴 루엇, 응웬 쑤웬 동 등이었다.[100]

A22첩보팀은 남베트남의 정계, 군부의 많은 주요 인물들과 접

---

[100] A22첩보팀의 팀장은 응웬 반 레였다.

촉하였고, 이들을 고급정보를 확보하기 위한 인맥으로 활용하였다. 응웬 반 티에우 대통령의 정치보좌관인 후잉 반 쫑(Hunh Van Trọng)도 A22첩보팀에 포섭되어 스파이 활동에 가담하였다.

북베트남의 스파이가 된 후잉 반 쫑은 주로 베트남전쟁에 대한 미국 정부의 주요 입장과 전략적인 의도를 파악하여 북베트남에 보고하는 임무를 수행하였다. 이와 같은 임무를 위해 후잉 반 쫑은 베트남공화국의 대표단장으로 미국을 방문하기도 하였다.

A22첩보팀의 탄로와 부 응옥 냐 체포

A22첩보팀은 비록 철저하고 비밀리에 조직되었지만, 활발한 활동으로 응웬 반 티에우 정권과 정계에 상당한 영향을 미쳤기 때문에 미국의 정보기관 CIA에 포착되었다.

미국 CIA는 부 응옥 냐, 후잉 반 쫑 등 각 개별 인물들의 수상한 점을 발견하고 조사에 착수했다. 그 결과 1969년 9월경, 남베트남 경찰에 의해 A22첩보팀의 주요 공작원인 부 응옥 냐, 응웬 쑤언 호애, 부 휴 루엇, 응웬 쑤언 동 등이 스파이 혐의로 체포되었고, 그리고 포섭된 후잉 반 쫑 대통령 정치보좌관, 까니엠(Ca Nhiem) 연락거점책 등도 체포되었다.[101]

---

[101] 미국 CIA는 사건 정보, 조사 자료 등을 남베트남 경찰 총국장에게 넘겼다. 남베트남 경찰은 S2/B라는 암호명을 가진 비밀수사대를 설치하고 체포하

42명의 첩보공작원이 체포되고 대통령 정치보좌관 등 정계,
군부의 주요 인사들이 연루되면서 사이공의 언론계에서는 1969
년 11월의 재판 때 이 사건을 "세기의 정치사건", 혹은 "시대의
가장 큰 첩보사건"이라고 보도하였다.

그러나 이 사건에 대통령, 장관들이 증인으로 관련되어 있었
고 미국 CIA도 조사에 개입하였기 때문에 재판은 쉽게 진행되지
않았다. 다시 말해, 남베트남 정계의 많은 고위인사들이 연루되
어 재판을 난국에 빠지게 했기 때문에 재판은 정상적으로 진행되
지 못했다.

A22첩보팀의 활동이 발각되었을 때, 응웬 반 티에우 대통령은
부 응옥 냐가 스파이라는 사실을 믿으려고 하지 않았고 CIA의 음
모라고 생각했다. 따라서 간첩사건은 정치사건으로 둔갑되었다.
부 응옥 냐와 후잉 반 쫑 등은 1973년 초에 북베트남의 스파이가
아닌 정치범으로 치화(Chi Hoa) 형무소에 수감되었다.

남베트남공화국 임시혁명정부(PRG)의
군사첩보부에서 활동

치화 형무소에 정치범으로 수감된 기간에도 부 응옥 냐는 황
꾸잉 신부의 도움을 받아 사이공의 정치사회 단체들과 접촉을 시

였다.

도하며 관계 복원을 꾀했다. 즉, 부 응옥 냐는 수감기간에도 인맥을 복원하며 활동을 재개하였다.

그 결과 부 응옥 냐는 즈엉 반 민(Duong Van Minh) 장군이 주도하는 '제3세력'과 다시 연결되었고 관계를 복원하였다. 감상주의적 민족주의자 즈엉 반 민 장군이 주도하는 제3세력은 당시 사이공에서 반전평화운동을 이끄는 가장 큰 세력이었다.

따라서 응웬 반 티에우 정권에서는 부 응옥 냐의 활동을 상당히 부담스러워하게 되었다. 응웬 반 티에우 정권은 그의 사이공 정계에서의 활동을 억제하기 위해 파리평화협정의 '정치범 석방' 조항에 따라 1973년 7월 23일 남베트남 민족해방전선(NLF)에게 그를 넘겼다. 부 응옥 냐는 록닌(Loc Ninh) 지역에서 남베트남 민족해방전선에 인도되었다.

이후 그는 북베트남군의 중령계급을 받고 남베트남공화국 임시혁명정부(PRG)의 군사첩보부에서 근무하였다. 이 기간 동안 부 응옥 냐는 A22첩보팀의 성과에 대한 칭찬을 받으면서 동시에 첩보망이 와해된 것에 대한 책임을 추궁당하기도 하였다.

1974년 4월에 접어들어 부 응옥 냐는 사이공 인근의 꾸찌(Cu Chi)로 가서 반(半)공개적으로 활동을 재개하였다. 그는 새로운 첩보팀을 조직하였고, 제3세력 소속의 정치세력과 연계하며 활동을 재개하였다. 나아가 부 응옥 냐는 북베트남의 지휘부가 사이공 총공세에 대한 결정을 앞둔 1975년 1월, 불법으로 사이공에 잠입하여 정보수집 및 정치공작 활동을 전개하였다. 사이공에서 부 응옥 냐는 제3세력의 리더인 즈엉 반 민 장군을 보좌하며, 카톨릭계의 대표 자격으로 반전평화운동에도 적극적으로 참가하였다.

부 응옥 냐는 즈엉 반 민 장군이 베트남공화국의 대통령이 된 이후에도 긴밀한 관계를 유지하였고, 항복선언을 한 1975년 4월 30일에는 대통령의 집무실이 있는 독립궁에서 즈엉 반 민 대통령과 함께 베트남공화국 종말의 시간을 보내기도 하였다.

베트남공화국의 패망 후, 부 응옥 냐는 북베트남에서 그의 스파이 활동이 높이 평가되어 통일베트남 군대의 대장으로 임명되었다. 부 응옥 냐는 「대통령의 고문」이라는 자서전을 통하여 자신의 스파이 활동을 소개하기도 하였다. 그는 자서전에서 자신의 사무실이 대통령의 집무실 뒤에 있었기 때문에, 수시로 대통령의 집무실에 드나들며 대통령에게 국정에 관해 조언을 하였고 동시에 정보수집도 용이하게 하였다고 회고하였다.[102] 부 응옥 냐는 2002년 8월 호치민시의 자택에서 74세를 일기로 세상을 떠났다.

---

[102] 동아일보, 2002.8.9; 연합뉴스, 2002.8.9.

4. 베트남전쟁의 최고스파이, 언론인 팜 쑤언 언

팜 쑤언 언(Pham Xuan An)은 1927년 동나이(Dong Nai)성의 비엔화(Bien Hoa)시의 유복한 가정에서 태어났다. 그의 할아버지는 여자고등학교의 교장이었고, 그의 아버지는 고급 측량사였다.

팜 쑤언 언은 1947년에 아버지의 간병 때문에 사이공으로 이주해 왔고, 1950년까지 미국계 석유회사 Caltex에서 비서로 근무하였다. 이때 그는 사이공 학생들의 프랑스, 미국에 대한 비판시위에 참여하다가 북베트남의 공작원들에게 포섭되었다.

당시 수도 사이공을 비롯한 베트남공화국에는 북베트남에서 파견된 첩보공작원 약 14,000명이 활약하고 있었다.

베트남노동당의 당원으로 입당

팜 쑤언 언은 북베트남에서 파견된 첩보공작원들의 권유에 의해 1950년 후반에 직장을 사이공세관으로 옮겼다. 그리고 그는 프랑스에서 베트남으로, 그리고 베트남에서 프랑스로 운송되는 물건, 군사무기 등의 상황을 감시하는 임무를 부여받았다. 이 임무가 그에게 북베트남의 첩보원으로서 첫 임무였다.

이후 팜 쑤언 언은 1952년에 D교전지역으로 가서 '남베트남 항전행정위원회'의 위원인 팜 응옥 타익(Pham Ngoc Thach)으로부터 첩보업무를 지시받아 임무를 수행하였다. 그는 첩보활동의 능력을 인정받아 1953년 까마우(Ca Mau)성 인근에 있는 우민(U Minh) 숲에서 베트남노동당의 당원으로 입당하였다.

베트남노동당의 당원이 된 팜 쑤언 언은 1954년 남베트남 군대에 위장입대를 하였고, Aux Mares 기지의 프랑스연합군 본부의 심리전 부서에서 근무하였다. 이때 그는 전략적으로 인도차이나반도의 CIA 지휘관 겸 사이공 미국군사지원단 단장이었던 Edward Lansdale 대령과의 친분을 의도적으로 쌓아갔다.

이와 같은 노력의 결실로 팜 쑤언 언은 1955년에 미국 군사고문단의 제안에 따라, 남베트남 군대의 참모, 조직, 작전, 훈련, 물류에 관한 자료편찬 작업에 참여할 수 있었다. 또 그는 구(舊)프랑스군의 베트남인 장교, 하사관, 병사들을 중심으로 편성된 남베트남 최초의 군대인 6개의 보병사단을 설립하는 기초작업에도 참여하였다. 아울러 그는 미국으로 연수를 보낼 전도유망한 젊은 장교들을 선발하고[103] 미국과 협력하는 임무도 맡았다.

그리고 미국 정부가 미국문화와 아시아문화의 친밀한 관계를 유지하기 위해 아시아 저널리스트의 양성을 위한 유학 프로그램

---

[103] 이들 장교 중에는 나중에 베트남공화국의 대통령이 된 응웬 반 티에우도 있었다.

을 마련하자, 팜 쑤언 언은 베트남노동당의 권유에 따라 1957년 미국으로 유학을 떠났다. 그는 1957~1959년 약 2년 동안 California의 Fullerton College에서 공부하였다. 그는 California의 Fullerton College에 최초로 입학한 베트남 사람이었다.

미국에서 귀국 후, 정보스파이 활동

팜 쑤언 언은 1959년 10월 미국 유학을 마치고 귀국하였다. 귀국 후 그는 베트남공화국 대통령의 직속 비밀기관인 '사회문화정치연구국'의 쩐 낌 뚜이엔(Tran Kim Tuyen) 국장의 소개로 외국기자들을 담당하는 통신사에서 근무하였다. 팜 쑤언 언은 1960년부터 1964년 중반까지 Reuters통신사의 베트남지사에서 근무했고, 1966년부터는 미국 Times의 베트남지사에서 비정규직으로 일하다가 1969년에 정식 직원이 되었다. 그 외에 The Christian Science Monitor의 보도기자로도 활동하였다.

이처럼 팜 쑤언 언은 국제적으로 저명한 해외언론의 베트남지사에서 기자로 근무하면서 언론계 인사, 고위급장교, 정보계 주요 인사, CIA 인사 등 많은 주요 인사들과 폭 넓은 인맥을 구축하였다. 그리고 그 인맥을 활용하여 자신의 입지를 강화하는 것은 물론, 정보기관, 경찰, 군대 등으로부터 중요한 정보들을 수집하였다. 그는 분석된 주요 정보들을 남베트남중앙국(COSVN)을 통해 북베트남의 군사지휘본부에 비밀리에 보냈다.

베트남전쟁의 주요 전투인 '업박 전투', '뗏 공세(구정 총공세)', '람손 719 기습공격작전'[104] 등의 경우, 팜 쑤언 언이 사전에 빼낸 군사기밀정보가 북베트남군의 작전수립 및 전투 전개 등에 매우 유효하게 활용되었다. 이와 같은 팜 쑤언 언의 스파이 활동은 1975년 4월 30일 베트남공화국이 패망할 때까지 지속되었다.

그러나 남베트남에서는 아무도 팜 쑤언 언이 북베트남의 스파이라는 것을 눈치채지 못했다. 베트남공화국이 패망하는 날, 1975년 4월 30일에 팜 쑤언 언은 베트남공화국 대통령의 직속 비밀기관인 '사회문화정치연구국'의 쩐 낌 뚜이엔 국장이 사이공을 떠나 해외로 탈출하는 것을 도와주기도 하였고, 베트남민주공화국의 T-34전차가 대통령의 집무실이 있는 독립궁의 정문을 밀치고 진입하는 광경을 현장에서 지켜보기도 하였다.

팜 쑤언 언의 정보스파이 활동에 대한 북베트남의 평가

팜 쑤언 언은 1960년부터 1975년, 즉 베트남공화국이 패망할 때까지 총 498개의 보고서를 북베트남의 군사지휘본부에 비밀리에 보냈다. 즉, 팜 쑤언 언은 자기 자신이 수집하고 분석한 정보로 총 498개의 보고서를 작성하였고, 그 보고서를 원본과 복사본

---

104) 라오스 호치민 루트의 북베트남군에 대한 남베트남군의 공격작전은 남베트남군의 수뇌부만이 알고 있는데, 팜 쑤언 언은 이 고급 기밀정보를 사전에 빼내 북베트남으로 보냈다. 그 결과 북베트남은 남베트남의 기습공격에 아주 전략적으로 대처하였다.

〈표5-1〉 팜 쑤언 언의 주요 정보분석 자료 및 보고서	
1961-1965년	"특별 전쟁"전략에 대한 자료 : McGarr자료, Staley자료, Taylor자료, Harkins자료, '전략촌 계획'자료, Staley- Taylor계획 등
1965-1968년	"지역전쟁"전략에 관련된 계획, 1968년 무신년 봄의 봉기 및 총공격 전술 자료
1969-1973년	"베트남화 전쟁" 전략에 관련된 자료들
1973-1975년	"남부베트남해방의 결심" 등 수백 개의 정보분석 자료

으로 보관하였다. 주요 보고서는 〈표5-1〉과 같다.

팜 쑤언 언의 정보분석 및 정세분석 보고서는 매우 구체적이고 정확하였다. 북베트남의 군사지휘본부에서는 그의 능력을 매우 높이 평가했다. 북베트남 군부의 지도자 보 응웬 지압(Vo Nguyen Giap)장군은 팜 쑤언 언이 보낸 정보에 대해, "그 정보들은 마치 우리가 미국의 지휘본부에서 적(남베트남군)의 행군을 지켜보는 것과 같을 정도로 자세하고 생생하다"고 높이 평가하였다.

베트남 통일후, 베트남공산당의 고위 인사인 마이 찌 터(Mai Chí Thọ)는 The NewYork Times와의 인터뷰에서 팜 쑤언 언에 대해 다음과 같이 평가하였다.

" … 그때 베트남노동당은 아주 가난했다. 우리는 미국을 알기 위해 팜 쑤언 언을 미국으로 유학보내는 것이 매우 유익할 것이라고 생각했다. 베트남노동당은 팜 쑤언 언에게 미국 유학을 권유하였고, 그는 베트남노동당에서 보낸 최초의 미국 유학생이 되었다.

… 결과적으로 그것은 결국 큰 성공을 거두었다. 그는 전략적으로 중요한 많은 인사들과 인맥을 구축할 수 있었고, 매우 좋은 기밀정보에 접근할 수 있었다. 그는 정보 업무에 완벽하였고, 능력이 매우 출중한 사람이었다.

… 베트남전쟁이 끝나고 우리는 팜 쑤언 언에게 군대의 장성급 계급을 부여하였고 군대의 영웅으로 추대했다. 더 이상 구체적으로 말할 필요 없이, 이것만으로도 팜 쑤언 언이 나라를 위해 얼마나 중요한 활동들을 하였고 업적들을 남겼는지에 관해 말해준다. … "

베트남전쟁의 최고스파이, 팜 쑤언 언은 베트남전쟁이 끝난 후 스파이 활동에 대한 보상으로 통일베트남의 정보국의 대령으로 임명되었고 소장까지 진급했다. 팜 쑤언 언은 2006년 9월 20일, 80세를 일기로 호치민시의 제175군병원에서 사망했다.

5. 북베트남의 스파이, 베트남공화국 총참모장의 보좌관 응웬 휴 하잉 준장

북베트남은 응웬 반 티에우(Nguyen Van Thieu) 대통령이 사임하고 망명처인 타이완(臺灣)으로 떠난 다음날, 즉 1975년 4월 26일에 사이공 함락을 위한 총공세를 감행하였다.

사이공은 함락 위기에 처해졌고, 베트남공화국의 고위 관료와 가족들, 외국인들의 탈출은 가속화되었다. 베트남공화국 군대의 총참모장 카오 반 비엔(Cao Van Vien) 장군도 반전평화운동을 펼치던 즈엉 반 민(Duong Van Minh) 장군이 대통령으로 취임하던 날, 1975년 4월 28일에 미국 대사관을 통하여 사이공을 탈출하였다. 그 외 총참모부의 지휘관들도 거의 탈출하였다.

따라서 즈엉 반 민 대통령이 1975년 4월 30일 항복을 선언한 직후, 베트남공화국의 총참모부에는 전(全) 베트남공화국의 군대에게 항복명령을 내릴 군 지휘관이 없었다. 단 1명의 장성만이 남아 있었다. 그가 바로 응웬 휴 하잉(Nguyen Huu Hanh) 준장(准將)이다.

응웬 휴 하잉 준장은 당시 카오 반 비엔 참모총장을 계승한 신임 총참모장 빈 록(Vĩnh Lộc) 중장[105]의 보좌관이었으나, 빈 록 총참모장 역시 해외로 망명함에 따라 총참모장의 권한대행이었다. 그러므로 응웬 휴 하잉 준장은 참모총장의 권한대행으로 베트남공화국의 전(全)군대에게 무기를 버리고 항복하라는 명령을 하달하였다. 나중에 밝혀졌지만, 그는 남베트남중앙국(COSVN)에 포

---

[105] 빈 록(Vĩnh Lộc) 참모총장은 즈엉 반 민(Dương Văn Minh) 대통령에게 베트남인민군대의 강력한 공격 앞에 무기를 내려놓고 항복하라고 직접적인 영향을 미친 인물이다.

섭된 베트남민주공화국의 첩자였다.

즈엉 반 민과 인연을 맺으며 군생활 시작

응웬 휴 하잉은 1926년 7월 10일에 남베트남 지역의 미터(My Tho)시에서 유복한 지주(地主) 가정에서 태어났다. 응웬 휴 하잉은 1945년 미터시에서 프랑스 교육프로그램을 가르치는 고등학교를 졸업했고, 1949년 동원령에 따라 프랑스연합군에 입대했다.

이후 응웬 휴 하잉은 붕따우(Vung Tau)의 남비엣(Nam Viet) 육군사관학교에서 공부했고, 1949년에 준위로 졸업했다. 졸업 후 그는 대대장인 즈엉 반 민 중위의 휘하에서 근무했다. 두 사람의 관계는 매우 돈독했는데, 이 기간은 응웬 휴 하잉으로 하여금 즈엉 반 민의 측근이 되게 하는 출발점이었다.

응웬 휴 하잉의 군대생활은 비교적 순탄하였다. 1950년 중반에 소위로 승진하였고 1951년 말에는 보병 대대장인 중위로 다시 승진했다. 1952년에 총참모부(총참모사령부)가 설립되면서 사이공(Sai Gon) 구역의 참모장인 대위로 승진했다. 1954년에는 30소단의 소단장으로 임명되었다. 이어 그는 1955년 초에 소령으로 승진한 뒤 즈엉 반 민 대령 밑에서 중령으로 승진하였다.

응웬 휴 하잉은 1958년 말에 미국에 유학을 가서 군사교육을 받았다. Kansas의 Fort Leavenworth 학교에서 고급참모 양성과정의 지휘관 수업을 받았다. 1959년 귀국 후, 수도군구사령부의 참모장으로 근무하였고, 1963년 초 대령으로 승진하면서 서남부지역의 4군단 참모장이 되었다.

남베트남중앙국(COSVN)에 첩자로 포섭

응웬 휴 하잉이 1963년 10월 서남부의 4군단 참모장으로 근무할 때 그의 아버지 응웬 휴 디엣(Nguyen Huu Diet)이 사망했다. 그의 부친은 죽기 전에 고향 땅에 묻히고 싶다는 소망을 남겼다. 그러나 그의 고향 미터시는 남베트남 민족해방전선(NLF)의 관할 지역이었다.

응웬 휴 하잉은 부친의 소망에 따라 고향에서 장례를 치루기 위해 남베트남 민족해방전선과 협상을 하였다. 그 결과 3일간 전투를 중단하고 무사히 장례를 치르게 되었다. 이 협상을 계기로 남베트남중앙국(COSVN)은 응웬 휴 하잉에게 관심을 갖게 되었다.

남베트남중앙국은 응웬 휴 하잉을 북베트남의 첩자로 포섭하기로 결정하였다. 이를 위해 남베트남중앙국은 남베트남 공산혁명에 참가하고 있는 그의 큰아버지 응웬 떤 타잉(Nguyen Tan Thanh)을 내세워 응웬 휴 하잉에게 접근하였다. 응웬 휴 하잉은 베트남공화국 군대의 장교였지만, 베트남 공산주의자들에게 비교적 좋은 감정을 갖고 있었고, 큰 아버지 응웬 떤 타잉이 남베트남군에 두 번이나 잡혔으나 그가 직접 영향력을 행사하여 석방시켜 주었기 때문이다.

결국 응웬 휴 하잉은 그의 큰아버지에게 포섭되었고, 북베트남의 첩자가 되었다. 북베트남은 응웬 휴 하잉의 암호명을 S7이나 싸오마이(Sao Mai)로 하였다. 그러나 북베트남은 그의 큰아버지를 통해 응웬 휴 하잉과 긴밀한 연락은 취하였지만, 그의 비밀 신분을 보호하기 위해 특별한 임무를 부여하지는 않았다.

북베트남에 우호적인 활동

응웬 휴 하잉은 북베트남을 위해 특별한 임무는 수행하지 않았지만, 북베트남과 베트콩에 대해 공격적 태도를 취하지 않았다.

응웬 휴 하잉은 1967년 육군 21사단의 부사단장으로 근무할 때, 병사들에게 "베트콩들이 공격하지 않으면 먼저 총을 쏘지 말라"고 명령을 내렸다. 또 1968년, 44특별구역의 사령관으로 재임할 때에는 여러 차례 베트콩과 교전하지 않은 채 대치상태만을 유지하였고, "베트콩이 철수하면 남베트남군도 공격하지 말고 철수하라"는 명령을 내리기도 하였다. 따라서 미국 군사고문단들은 그를 "신중한 사령관", 혹은 "목표물을 전혀 장악하지 않는 사령관"이라고 불렀다.

또 응웬 휴 하잉은 1968년 말 남베트남 민족해방전선의 간부가 후잉 쑤언(Huỳnh Xuân)이라는 가명으로 베트남공화국의 관할 구역에 불법으로 무기를 반입하려다가 체포되어 법정에 서게 되었을 때, 남베트남중앙국의 명령을 받아 변호사를 선임해주고 그의 석방을 도와주었다. 이처럼 응웬 휴 하잉은 북베트남을 위해 특별한 군사적 임무는 수행하지 않았지만, 북베트남이나 베트콩에 대한 우호적인 조치들을 드러나지 않게 취하였다.

즈엉 반 민 대통령의 측근이 되어 전(全)남베트남군에게 항복 명령 하달

앞에서 언급했듯이, 응웬 휴 하잉은 남비엣(Nam Viet) 육군사관학교를 졸업 후, 즈엉 반 민의 휘하에서 그와 끈끈한 인연을 맺으며 군 생활을 시작하였다.

따라서 즈엉 반 민 장군이 1963년 11월 응오 딘 지엠 대통령을 실각시키는 쿠데타를 주도했을 때, 응웬 휴 하잉은 즈엉 반 민 장군을 적극적으로 지원하였다. 응웬 휴 하잉은 휭 반 까오(Huỳnh Văn Cao) 장군에게 반쿠데타 세력인 4군단을 막도록 권유하는 등 응오 딘 지엠 정권을 타도하는 쿠데타의 성공을 위해 즈엉 반 민 장군을 적극적으로 도왔다.

그 후, 응웬 휴 하잉은 준장으로 승진하여 4군단 부사령관, 2

군단 부사령관, 1군단 감사장 등을 역임하였다. 그리고 즈엉 반 민 장군이 베트남공화국의 대통령이 되었을 때, 그는 신임 총참모장 빈 록(Vĩnh Lộc) 중장[106]의 보좌관으로 임명되었다. 그리고 빈 록이 총참모장직에 임명된 직후 바로 사이공을 탈출하자 총참모장의 권한대행직을 맡았다.

그러므로, 즈엉 반 민 대통령이 1974년 4월 30일 항복을 선언했을 때, 응웬 휴 하잉은 총참모장의 권한대행으로서 전(全)베트남공화국의 군대에게 총을 버리고 항복하라는 명령을 내렸다. 그리고 그는 베트남공화국 종말의 마지막 순간까지 즈엉 반 민 대통령의 곁을 지켰다.

베트남 통일 후 응웬 휴 하잉은 북베트남의 첩자로서 전(全)베트남공화국의 군대에게 항복명령을 하달한 공로를 인정받아 학교보호인민회의 사무총장직을 맡았고, 그 이후에는 애국지사의 자격으로 1975년에 결성된 통일베트남조국전선의 중앙위원이 되었다.

---

106) 베트남공화국의 총참모장 카오 반 비엔(Cao Van Vien) 장군은 즈엉 반 민 장군의 대통령 취임식 날, 즉 1975년 4월 28일에 미국 대사관을 통하여 사이공을 탈출하였다. 카오 반 비엔(Cao Van Vien) 중장의 뒤를 이어 빈 록(Vĩnh Lộc) 중장이 신임 총참모장이 되었다.

6. 대통령궁을 폭격한 남베트남의 공군 조종사 응웬 타잉 쭝

응웬 타잉 쭝(Nguyen Thanh Trung)은 1947년 10월 9일, 남베트남의 벤째(Ben Tre)성의 저우타잉(Châu Thành)현에서 5남매의 4째 아들로 태어났다. 그는 남베트남 공산혁명화를 위한 투쟁활동에 적극적으로 참여한 가정에서 성장하였다.

응웬 타잉 쭝의 아버지는 벤째성의 저우타잉현 당서기장이었다. 그의 부친은 1960년 동커이(Dong Khoi) 운동이 발발했을 때 저우타잉현에서 주도적 역할을 하였으며, 1963년 2월 7일 베트남 공화국의 군대와 교전하다 사망하였다. 그의 첫째 형과 둘째 형은 남베트남 공산혁명에 가담하여 활동하다가 체포되어 꼰다오(Côn Đảo) 형무소와 푸꾸옥(Phu Quoc) 형무소에서 수감생활을 하였고, 셋째 형은 북베트남으로 넘어가 공산혁명에 가담하였다.

그의 어머니는 이와 같은 남베트남 공산혁명에 가담한 가족들의 활동을 감추기 위해 응웬 타잉 쭝의 출생신고를 1957년에 다시 하였다. 그의 어머니는 출생신고서의 '부친 이름 명기'란을 공란으로 비워두었고, 아들의 이름을 개명하여 신고하였다. 원래 본명인 딘타쭝(Đinh Thanh Trung) 대신에 응웬 타잉 쭝이라는 새로운 이름으로 신고하였다. 즉, 그의 어머니는 남베트남에서 향후

아들의 장래 등을 고려하여 신분세탁을 위해 '부친 이름 명기'란을 공란으로 두었고, 아들의 이름 또한 개명하여 신고한 것이다.

베트남노동당 입당과 남베트남 공군 입대

남베트남중앙국(COSVN) 등 공산혁명세력은 첩보공작원으로 사이공 시내에서 활동할 수 있는 지식인들을 선호하였다.

그래서 응웬 타잉 쫑은 1965년에 사이공 과학대학교 자연계(수학-물리-과학) 학과에 입학하면서 바로 남베트남중앙국에 선발되었다. 응웬 타잉 쫑은 공산혁명의 가족사, 공작원 자질 및 능력 등이 인정되어 바로 첩보공작원으로 선발되었던 것이다. 이어서 그는 1969년 5월에 베트남노동당에 정식으로 입당[107]하였다.

그리고 그는 남베트남중앙국의 권유로 1969년 6월에 조종사가 되기 위해 남베트남 공군에 입대하였다. 남베트남 정부가 응웬 타잉 쫑의 공군 입대 과정에서 그의 신원조회를 했지만, 당시 그의 고향인 벤째성의 저우타잉현이 남베트남 민족해방전선(NFL)의 관할구역이었기 때문에 신원조회가 정확하게 실행되지 않았다. 게다가 '부친 란'이 공란으로 비워있었기 때문에 그는 신

---

[107] 응웬 타잉 쫑의 베트남노동당 입당식은 띠엔 쟝(Tiền Giang)성의 미터(Mỹ Tho)시에 있는 싸우 팥(Sáu Phát)의 집에서 빠르고 간단하면서도 비밀스럽게 진행되었다.

원조사에서 별다른 문제없이 무사히 통과되었다.[108]

응웬 타잉 쭝은 공군입대 후 1년간의 군사훈련을 이수한 후 미국으로 유학하여 텍사스, 루이지아나, 미시시피주 등에서 조종사 훈련을 받았다. 그의 학업 성적은 40명 가운데 2등으로 매우 우수하였다. 응웬 타잉 쭝은 1972년 미국에서 귀국한 뒤, 526공군단, 63공군단, 공군 3사단 등에서 근무하였다. 이때부터 그는 남베트남중앙국(COSVN)의 당서기인 팜 훙(Phạm Hùng)으로부터 직접 임무를 부여받고 지도받았다.

대통령궁에 폭탄 투하 및 사이공의 떤썬녓 공항 폭격

북베트남의 지휘부는 1975년 3월 25일, '우기가 시작되기 전인 5월 중순까지 사이공을 함락할 수 있다'는 전략적 판단을 내리고, 남베트남의 수도 사이공 함락을 위한 총공세에 착수하였다.

---

[108] 조종사가 되기 위해서는 체력검증, 영어, 교양수준에 대한 선발시험을 거쳐야 했는데, 응웬 타잉 쭝은 모든 요건을 쉽게 충족하였다. 그러나 그의 이력이 제일 걸림돌이 되었다. 만약 남베트남 정부에서 그의 진짜 이력, 즉 공산혁명에 가담한 가족 활동사를 알았다면 불합격 되었을 것이다. 그리고 응웬 타잉 쭝은 그의 '아버지 이름 명기' 란이 왜 공란으로 되어 있는지 궁금해하는 면접관인 베트남공화국의 공군 대령에게 "1945. 3. 9일 일본이 프랑스를 패퇴시키고 인도차이나가 일본의 식민지가 되었을 때, 당시 저의 어머니는 미터(Mỹ Tho)에서 장사를 하고 있었고 일본군인과 사귀어 결과적으로 제가 출생했다. 1945년 일본군이 연합군에게 항복을 하고 철수할 때 저의 부친도 일본으로 귀국하였기 때문에 '아버지 이름' 항목을 공란으로 두었다."고 대답했다.

따라서 북베트남의 17개 사단과 수 만대의 차량이 사이공을 향해 남진하였는데, 북베트남 지도부는 사이공 함락을 위한 공세를 본격적으로 전개하기 전에 먼저 남베트남의 대통령궁, 즉 독립궁을 폭격할 것을 결정하였다. 그리고 북베트남 지도부는 남베트남의 공군 중위 응웬 타잉 쭝에게 남베트남의 독립궁을 폭격하는 임무를 부여하였다.

응웬 타잉 쭝은 1975년 4월 8일 오전 8시에 북베트남의 판티엣(Phan Thiết)을 폭격하라는 명령을 받고 비엔화(Bien Hoa) 기지에서 출격하였으나, 기수를 돌려 독립궁에 폭탄을 투하하였다. 즉, 응웬 타잉 쭝은 판티엣으로 가지 않고 사이공으로 날아와서 F5-E 비행기로 독립궁에 폭탄을 투하한 것이다.[109]

응웬 타잉 쭝은 독립궁을 폭격한 후 북베트남으로 날아가서 북베트남 공군비행단의 조종사가 되었다. 즉, 그는 북베트남의 공군 대위가 되어 북베트남의 조종사들과 함께 사이공 공격에 앞장서게 되었다. 아이러니하게도 응웬 타잉 쭝과 북베트남의 공군 조종사들은 러시아제 전투기가 아닌 미국제 'A-37'로 사이공을 공격하였다.

---

[109] 당시 F5-E 비행기에는 개당 무게가 500파운드인 4개의 폭탄이 실려있었다. 응웬 타잉 쭝은 4개의 폭탄을 투하했다. 4개의 폭탄 가운데 처음 두 개는 궁의 정원에 투하되었고, 다른 한 개는 궁에 직접 투하였으며, 나머지 한 개는 폭발되지 않았다.

1975년 4월 28일, 남베트남 정부의 고위 관료와 가족들, 미국인 등 외국인들의 사이공 탈출이 막바지에 이르러 공항이 한창 복잡할 때, 응웬 타잉 쫑을 단장으로 하는 북베트남의 'A-37'비행단은 사이공의 떤썬녓(Tan Son Nhat) 공항을 폭격하였다. 5대의 'A-37'로 구성된 비행단은 떤썬녓 공항에 총 18개의 폭탄을 투하하였다. 그 결과 군인들을 포함한 많은 사람들이 사망했고, 활주로는 파괴되었으며, 이로 인해 공항은 한때 마비되기도 하였다.

남베트남의 대통령궁과 떤썬녓 공항에 대한 응웬 타잉 쫑의 폭격은 북베트남의 하노이 정부에게 유리한 조건을 만들어주었고, 동시에 남베트남군의 사기가 완전히 저하되도록 하였다.

7. 북베트남의 첩자, 사이공경찰청장 찌에우 꾸억 마잉

1975년 4월 남베트남 해방을 위해 수도 사이공 총공격에 착수한 북베트남군과 남베트남 민족해방전선(NLF)의 인민해방군이 사이공에 침투하기도 전에 사이공의 경찰력은 이미 완전히 마비되었다.

이 경찰력을 무력화시키는 데 결정적 역할을 한 사람은 바로 수도 사이공의 경찰총수 찌에우 꾸억 마잉(Triệu Quốc Mạnh)이었다. 사이공경찰청장 찌에우 꾸억 마잉은 공산당원이며 남베트남

민족해방전선(NLF)의 일원이었고, 베트남민주공화국의 첩자였다.

제3세력의 동참과 베트남노동당 입당

찌에우 꾸억 마잉은 1941년에 남베트남 사이공의 가난한 가정에서 태어났다. 그의 아버지는 날품팔이 노동자였다. 어려운 경제적 여건 때문에 그의 어머니는 시장에서 조그만 장사를 하며 찌에우 꾸억 마잉 등 다섯 형제를 키웠다.

이와 같은 어려운 가정환경의 영향으로 찌에우 꾸억 마잉은 일찍부터 응오 딘 지엠(Ngo Dinh Diem) 정권의 족벌 독재정치에 저항감을 느끼며 반정부 투쟁에 참여하였다. 그는 15세의 어린 나이에 사이공 청년무장단체에 가입했다.

그는 1961년 20세에 사이공 법과대학에 진학하였다. 그는 처음에 가족들 부양을 위해 의과대학으로 진학하려고 하였으나, 7년이나 걸리는 의과대학의 학비를 감당하기 어려워 4년 만에 졸업할 수 있는 법과대학을 선택하여 진학하였다.

그는 1964년에 사이공 법과대학을 졸업하였고, 약관 23세의 나이에 당시 사이공 사법부(Saigon Justice Organization)의 최연소 판사로서 재판관에 임명되었다. 그리고 그는 1966년에 사이공 사법부의 총 9명의 판사 가운데 서열 순위 3번째 판사로 임명되었다.

이 시점에 찌에우 꾸억 마잉은 남베트남의 응웬 반 티에우 정권에 비판적인 소위 '제3세력'[110]의 지식인 조직을 구축하는 데 참가하였다.

그는 또 1966년에 베트남노동당에도 가입하였다. 그는 두 명의 베트남노동당 당원의 추천을 받아 롱안(Long An)성 고뗀(Gò đen)의 비밀지역에서 당원으로 가입하였다. 당원 가입식 직후, 그는 '지식인 운동가 조직'[111]의 지도자들과 접촉하기 위해 전쟁 지역인 벤째(Bến Tre)성의 퐁타잉(Phong Thanh)에 가기도 했다.

사이공경찰청장으로 발탁

공산당원이 된 후, 찌에우 꾸억 마잉은 변호사로 전업을 하였고, 정체를 드러내지 않은 채 유능한 법률 전문가로서 왕성한 활동을 펼쳤다. 그는 수도 사이공에서 많은 분쟁사건을 변호하여 승소하였고, 변호사로서 명성을 높였다. 아울러 그는 제3세력의 주요 인물인 쩐 응옥 리엥(Trần Ngọc Liễng)[112] 변호사가 사무총장

---

110) 본 장의 앞절에서 설명한 바와 같이, 제3세력은 다양한 개인과 정치집단으로 형성되었다.

111) 베트남 공산혁명을 위해 지식계층에 속한 인사들을 동원하는 조직.

112) 쩐 응옥 리엥은 제3세력의 지식인이었다. 1974년 그는 남베트남과 사이공에서 파리협정의 이행을 요구하는 민간단체의 회장이었다. 1975년 11월 통일이후 쩐 응옥 리엥은 조국통일정치협상회의에 참석하기 위해 남부의 대표단에 합류하였다. 1975년 4월 30일 베트남공화국의 패망 이후, 그는 통일

직을 맡고 있던 '사이공 변호사협회'에서 사무부총장으로 활약하였다.

이처럼 사이공에서 명성을 높이던 찌에우 꾸억 마잉은 1971년에 응웬 반 티에우 정권으로부터 약관 30세의 나이에 사이공 검찰부 부원장으로 발탁되었다. 그는 응웬 반 티에우 정권에서 사법부뿐만 아니라 경찰쪽에서도 강력한 영향력을 행사할 수 있는 지위에 오른 것이다.

그리고 응웬 반 티에우 대통령이 퇴진하고 제3세력의 대표인 즈엉 반 민(Dương Văn Minh)이 1975년 4월 28일 대통령에 취임하자[113] 찌에우 꾸억 마잉은 짱 씨 떤(Trang Sỹ Tấn) 경찰청장의 탈출로 공석이 된 사이공경찰청장직에 임명되었다. 즉, 찌에우 꾸억 마잉은 베트남공화국이 무너지기 하루 전인 1975년 4월 29일에 수도 사이공의 경찰청장이 되었다.

그의 사이공경찰청장 발탁에는 응웬 반 티에우 정권의 타도 투쟁에 앞장섰던 제3세력의 대표 즈엉 반 민과 찌에우 꾸억 마잉의 개인적 인연이 크게 작용했다. 즉, 제3세력의 대표 즈엉 반 민과 사이공 변호사협회의 쩐 응옥 리엥 사무총장, 찌에우 꾸억 마

___

베트남에서 호치민시 베트남조국전선위원회의 부회장, 회장단의 일원으로 조국전선의 활동에 계속 참여했다.

[113] 베트남공화국의 마지막 대통령으로서 매우 짧은 기간인 1975년 4월 28일-30일까지 3일간 대통령직에 재임하였다.

잉 사무부총장 등은 응웬 반 티에우 정권의 타도 투쟁을 위해 긴밀하게 협력하였던 동지적 관계였다.

사이공 경찰력의 무력화

북베트남의 베트남민주공화국 군대와 남베트남 민족해방전선의 인민해방군이 사이공 근교까지 접근한 날에 찌에우 꾸억 마잉이 사이공의 경찰총수로 임명되었다. 이날에는 베트남공화국의 총참모장 카오 반 비엔(Cao Văn Viên) 대장이 해외로 탈출하고 수도 방어선이 무너지기 시작하였고, 베트남공화국의 7개 사단과 사이공경찰은 수도 사이공의 최후 방어를 위해 사력을 다하였다.

이처럼, 사이공 함락 직전의 위기상황에 찌에우 꾸억 마잉은 사이공 경찰총수에 취임하였던 것이다. 그는 북베트남의 첩자라는 신분을 감춘 채 사이공경찰청장으로서 사이공 방어에 고생하는 경찰간부들을 위로하였고 그 가족들에게 동정심을 표현하며 조직 장악의 리더십을 발휘하는 모습을 보였다. 그러나 다른 한편에서는 그는 사이공경찰청장의 권한을 이용하여 북베트남을 위한 활동도 전개하였다.

베트남민주공화국을 위한 찌에우 꾸억 마잉의 주요 활동을 살펴보면, 먼저 그는 베트남민주공화국의 위장 평화공세를 지원하는 활동을 하였다. 그는 좌우연립정부를 구성하는 협상 임무와

관련하여 즈엉 반 민 대통령에게 거짓보고를 하였다. 남베트남공
화국 임시혁명정부(PRG)가 협상에 대한 회신조차 하지 않았는데,
그는 즈엉 반 민 대통령에게 '협상이 거의 60%에 달했다'고 거짓
보고를 하였다. 이는 감상주의적 민족주의자인 즈엉 반 민 대통
령으로 하여금 베트남민주공화국의 위장전술인 평화협상[114]에
대해 일말의 환상을 갖도록 하기 위함이었다.

또한 다른 한편으로 그는 즈엉 반 민 대통령의 지시에 따라 남
베트남공화국 임시혁명정부와의 평화협상을 촉진하기 위해서라
는 명분을 내세워 사이공경찰의 수도 방어력을 전략적으로 마비
시켜 나갔다. 그는 남베트남공화국 임시혁명정부와 평화협상을
촉진하기 위한 상황을 조성한다는 미명 아래 중화기와 차량으로
무장한 특수 경찰부대인 5FH의 해산 명령을 내렸고, 이어 지휘관
의 명령 없이는 발포하지도 말며 경찰병력을 움직이지도 말라는
명령을 내렸다.

이처럼 베트남민주공화국의 첩자인 사이공경찰청장 찌에우
꾸억 마잉의 전략적인 농간에 의해 17,000명의 사이공경찰의 수
도 방어력은 거의 마비상태가 되어 갔다. 남베트남 민족해방전선
의 인민해방군은 그 덕분에 사이공의 도심으로 아무런 저항도 받
지 않고 침입할 수 있었다. 즉, 남베트남공화국 임시혁명정부
(PRG)가 즈엉 반 민 대통령의 연립정부를 구성하자는 협상 요구

---

[114] 제1장의 '10. 수도 사이공의 함락과 베트남공화국의 패망'에 상술되어 있
음.

에 답신도 하지 않으며 시간을 끄는 사이, 인민해방군은 경계가 허술해진 사이공의 도심으로 잠입하였고, 아울러 베트남민주공화국의 군대와 인민해방군도 T-34 전차를 앞세우고 사이공 시내로 침공하였다.

이와 같은 활동 이외에도, 찌에우 꾸억 마잉은 사이공경찰청장의 직권을 최대한 이용하여 북베트남 첩자로서 여러가지 활동과 임무를 수행하였다.

찌에우 꾸억 마잉은 사이공경찰청장의 권력을 이용하여 북베트남의 베트남민주공화국과 남베트남공화국 임시혁명정부의 내부에 침투해 있는 남베트남 첩보원들의 명단 등을 파악하고 즉시 베트남민주공화국과 남베트남공화국 임시혁명정부에 보고하였다. 아울러 그는 형무소에 감금된 베트남민주공화국의 군인 및 베트콩들의 명단들도 파악하여 베트남민주공화국과 남베트남공화국 임시혁명정부에 보고하였다. 또 그는 사이공의 최대 형무소인 치화(Chí Hòa) 형무소와 응웬짜이(Nguyễn Trãi) 형무소에 수감된 정치범들을 석방하였고, 석방된 정치범들에게는 자유증명서는 물론, 용돈까지 지급하였다.

그러므로 베트남공화국이 패망하고 베트남이 통일된 후, 찌에우 꾸억 마잉은 북베트남 첩자로서의 다양한 활동과 임무, 특히 베트남전쟁의 마지막 순간에 사이공의 경찰력을 무력화하여 양측의 사상자를 최소화하였다는 공로를 인정받아 통일베트남의 사법기관에서 주요 요직을 역임하게 되었다. 그는 호치민시의 사법청장, 호치민시 인민위원회의 법률부장, 호치민시의 변호사단 단장 등을 역임하였고, 베트남조국전선의 중앙위원으로 임명되었다. 그는 파리에서 3년간 국제중재재판소의 재판관[115]으로도 활동했다.

---

[115] 파리에서 1995-1998년 3년간 국제중재재판소의 재판관으로 활동했다.

제6장 베트남공화국의 패망 이후
반정부 인사들의 운명

이영종

1. 광범위한 강제수용과 세뇌교육을 예고한 전주곡

월남 패망으로 베트남이 공산주의 체제로 통일된 지 한 달이 채 지나지 않은 1975년 5월 22일. 국제적인 뉴스서비스 기관인 UPI통신은 통일베트남의 내부 사정을 알리는 사이공발 기사 한 건을 타전했다. 북베트남 공산정권이 옛 체제 하의 반동분자 숙청과 구 정권에서 발행된 모든 서적의 판매금지와 분서(焚書) 등 단계적 숙청·통제 정책을 펴기 시작했다는 소식이었다.

공산 베트남의 유일한 관영신문인 사이공 해방일보의 1면 보도를 인용한 기사는 남베트남 지역 두 곳에서 과거 악질분자들에 대한 인민들의 보복운동이 일기 시작했다면서, "인민들은 계급을

초월하여 인민생활을 개선하기 위해 조속히 반동분자들을 보복·
숙청해야 한다"고 촉구한 것으로 전했다. 이 신문에 따르면, 탕누
푸 마을에서 과거 많은 사람들에게 손해를 입히고 돈을 갈취한
전직 관리가 동년 5월 14일 숙청당했으며, 푸옥퐁 성에서는 과거
미국과 월남 정부를 위해 일한 반동분자 색출작업이 한창 벌어졌
다. 공산 베트남 정권은 분서운동을 벌이기 시작하여 동년 5월
21일 전(前) 정권 하에서 발행된 모든 서적의 판매와 소유를 금지
하는 명령을 내리고, 사이공 시내의 모든 서적상을 폐쇄하는 조
치를 취했다.

이 같은 외신보도는 월남 패망 이후 벌어진 잔혹한 숙청과 '사
회통합'이란 미명 하에 전개된 광범위한 강제수용과 세뇌교육을
예고하는 전주곡이었다. 월맹의 입장에서 베트남의 통일은 곧 사
이공의 해방이었다. 또한 미 제국주의 세력과 독재정권의 치하에
있던 월남은 온갖 자본주의 향락과 사회악으로 찌들어 있는 체제
라는 것이 그들의 인식이었다. 이런 생각은 곧바로 월남, 즉 남부
베트남을 개조해야 한다는 쪽으로 이어졌고, 이는 남북 통합 이
전에 서둘러야 할 과제로 제기되었다. 그 목표는 남베트남 주민
들에게 사회주의적 가치체계를 주입하는 데 맞춰졌다. 그리고 그
방식은 폭력적이고 수단은 매우 강압적이었다.

2. 승리에 도취한 월맹의 일방통행식 체제통합

남북 베트남의 이질성과 남베트남인들의 반감

남북 베트남의 통일 직후, 월맹은 미 제국주의와의 전쟁에서 승리하고 숙원이었던 통일을 이뤘다는 생각에 "무슨 일이든 다 해낼 수 있다"는 식의 오만과 자신감에 넘쳤다. 북부의 공산주의 모델을 사이공에 이식하는 데 몰두해 있던 월맹 당국은 급진적 통합을 밀어붙이는 모습을 보였고, 시행착오로 인한 막대한 희생을 강요하는 상황을 초래했다.

사실 남북 베트남 간에는 뿌리 깊은 이질적 요소가 자리하고 있고 이는 잠재적 갈등요인으로 작용해 왔다. 이는 역사적으로도 드러나 있고, 통일 이후 사회통합 과정에서도 끊임없이 표출돼 왔다. 무엇보다 베트남은 단일민족, 단일 문화권이 아니라는 점에 주목할 필요가 있다. 북부 지역 베트남의 경우에는 중국 문화권을 배경으로 하고 있는데, 이는 인도 문화의 배경을 기반으로 하는 중부와 남부 베트남과는 뚜렷한 차이가 난다. 북부 베트남이 15세기 이후 중남부를 정복하여 합병해 놓은 체제라는 특성으로 미뤄볼 때, 남북 베트남은 인종이나 문화적으로 이질적인 성격을 띠고 있다.

여기에다 끊임없는 남진정책으로 영토를 빼앗고 오랫동안 터전을 닦아온 지역 주민을 추방하거나 강제로 동화시키는 북베트남 측의 행태에 대해 반감을 갖고 있는 남부 인민들은 북베트남 정복세력에 깊은 반감을 축적해 왔다. 이런 정서는 사이공 함락 당일의 모습을 묘사한 다음과 같은 글에서도 확인된다.

"… 1975년 4월 30일 오후부터 사이공 시내에는 월맹군들이 몰려 들어오기 시작했다. 대부분의 시민들은 겁에 질린 채 문을 걸어 잠그고 집안에 웅크리고 있으면서 창문을 통해 호기심 어린 눈으로 월맹군의 행진을 지켜보고 있었다. 일부 동조 시민들과 지하조직 요원들이 월맹군을 환영하고 있을 뿐이었다. 월맹군 병사들도 어리둥절해 했다. 미제의 압제 하에 있던 남부를 해방시켰는데 환영하는 열기는 찾아볼 수 없고 시민들의 눈초리에는 경계의 빛이 역력하고 차가웠다. 일부 병사들은 호텔을 이용할 수 있었으나, 대부분은 텅 빈 거리에서 야영을 해야만 했다. … "116)

이 같은 상황 속에서 북베트남은 남베트남을 그대로 방치해 뒀다가는 언제든지 다시 떨어져 나가거나 외세와 공모해 대북 적대입장을 수시로 표출시킬 것이란 우려를 하고 있었다. 이런 사정 때문에 북부 베트남측은 위험을 사전에 예방한다는 차원에서 남부를 언제든 통제 가능한 자신들의 채찍 범위 내에 묶어둬야 된다는 입장이었다. 이것이 소위 '북화(北化)'라고 일컬어지는 월

---

116) 유재현, 「越南戰爭」, 서울:한원, 1992. pp.542~543.

맹의 월남 개조사업의 논리적 뼈대였다.[117]

오만한 북베트남과 남베트남 공산주의자들의 소외

월남 패망 이후 북부 공산세력은 남부 지역의 몰락한 집권세력은 물론 일반 주민들에게까지 정복자로서의 위세를 부리며 거들먹거렸고, 그들이 남부의 독재권력에 저항하면서 체제를 변혁하고 민족적 통일을 달성하려고 노력한 점에 대해 평가하기보다는 이들을 배제하는 움직임을 보였다. 남부 주민과 민족민주평화세력연맹에 참여했던 중도 성향의 인사들, 심지어 남부에서 암약해온 공산주의자들도 소외되었다. 남북 베트남의 정치적 통합 이후에도 남베트남 민족해방전선(NLF)의 깃발이 보이지 않았다는 점은 이를 잘 보여준다. 남부 출신 공산주의자들은 부패했다거나 관료주의적 사고를 갖고 있다는 이유 등으로 발탁되지 못했고, 당 조직이나 관직에 있던 인물들도 공산당 노선에 충실하지 못하다거나 위세를 부린다는 점을 들어 교체되기도 했다.

극히 예외적으로 통일 이후 고위직에 등용된 남부 인사도 있었다. 남북통일정치협상회의 남부 대표였던 팜 훙은 제 6,7대 부수상과 8대 수상을 역임하였고 1988년 3월 숨질 때까지 맡는 등 권력을 누렸다. 또 남베트남 민족해방전선 의장이던 응웬 흐우

---

[117] 조재현, "베트남의 남북통합: 그 한계와 방향",『통일연구』제6권1호(2002), pp. 99~129.

토는 통일 이후 첫 국회인 6대 국회에서 국가부주석에 선출된 이래 7대 국가부주석 겸 국회주석(국회의장에 해당), 8대 국가부주석을 지냈다. 하지만 대다수 남부 지역의 공산주의 혁명가들은 통일 이후 정부 요직에 이름을 올리지 못했다. 남베트남공화국 임시혁명정부(PRG)의 보건부장관이었던 즈엉 꾸인 호아는 호치민시 아동병원에서 일했고, 남베트남공화국 임시혁명정부 법무장관 출신인 쯔엉 뉴 땅은 차관 제의를 받기도 했지만 '반동' 출신으로 지목된 여성을 사랑했다는 사유로 비판을 받은 뒤 해외로 망명하는 일까지 벌어졌다.

물론 베트남의 남북부 지역 정권을 놓고 보면 북부가 민족적 정통성을 가졌다고 보는 인식이 팽배해 있었던 것은 부인할 수 없다. 게다가 북부가 전쟁에서 승리해 월남을 패망시키면서 주도권은 당연히 북베트남이 쥘 수밖에 없었던 게 현실이다. 하지만 아무리 상대적 정통성을 갖추고 있다고 해도 통일과 사회통합 과정에서 점령군 행세를 하며 주민들에 대해 물리적 폭력을 행사하는 행위는 지지를 받기 어려웠다. 또 반대세력을 교화한다는 명분으로 사회로부터 격리시키거나 혹독한 강제적 체제적응 과정을 거치게 했다는 건 문제로 지적된다. 베트남의 사회통합 과정은 북부 출신자들의 정치권력 전유와 공기업·사기업의 국유화를 통한 남북 경제 지배계급의 해체, 도시민의 신경제지구로의 강제이주 및 반 공식적 혹은 비밀리에 행해진 탈출 등을 통해 기존의 지배계층을 해체하고, 사회주의 교육을 통한 이념적 동질화를 추구한 것이었다.[118] 하지만 지배자들의 오만함은 그들 세력에 대한 신뢰를 깎아먹은 것은 물론 민족적 정통성마저도 침식시키는 결과를 초래했다는 평가다.

3. 강압적으로 전개된 사회주의적 통합정책

사회주의적 통합을 위한 재교육과 사상 개조 교육

남베트남 사회를 개조하겠다는 목표 아래 통일베트남 정권이 제일 먼저 손을 댄 것은 월남정부 출신 정치인과 관료, 경찰·군인 등을 재교육시키는 일이었다. 이들은 공산당 간부들의 입장에서 보면 베트콩을 살해한 자들보다 더 적대시하고 경계해야 할 인물로 분류됐다. 설사 행동에 있어 유죄인 점이 없다 하다라도 사상에 있어 유죄라는 식의 취급을 받았다. 언론인이나 지식인, 미국과 관련된 일을 하던 사람들이나 외국어에 능통한 사람들은 미 중앙정보국(CIA)의 첩자로 의심받기도 했다.

재교육은 이들에게 과거의 통치행위에 대한 반성을 이끌어내고 자본주의적 사고와 생활양식을 버리도록 하려는 조치였다. 이는 통일국가의 정통성이나 당과 정부의 권위를 확립하는 과정으로도 이해됐다.

---

118) 이한우, "베트남 통일 후 사회통합 과정의 문제", 『아세아연구』 제50권3호 (2007), pp. 39~63.

1976년 당 총서기 레주언(Le Duan)이 당 대회에 제출했던 보고서는 월남 패망 이후 통일베트남 정부가 사상 교육에 얼마나 공을 들였는지를 잘 보여준다.

" … 이념적이고 문화적인 작업의 중요한 요소는 첫째로 부르주아 이데올로기를 비판하고 쁘띠부르주아 이데올로기 및 비프롤레타리아적 이데올로기를 비판하는 것이다. 둘째는 남베트남의 신식민주의적 이데올로기와 문화의 영향을 제거하는 것이다. 셋째, 전 인민의 정치적 · 정신적 생활영역에서 마르크스—레닌주의의 절대적 우세를 가져다주기 위해서 마르크스—레닌주의 이데올로기와 당의 정책 및 노선에 관한 완전한 선전과 교육을 퍼뜨리는 것이다. 넷째, 베트남에서 단계적으로 사회주의적 내용과 민족 · 민중적 성격을 지닌 신문화를 건설하기 위하여, 그리고 일정한 유형의 사회주의적 인간을 형성시키기 위해서 남베트남뿐 아니라 북베트남에까지도 교육개혁을 실시하는 것이다. … "

하지만 통일베트남 정부는 월남 출신 인사들을 정치적으로 재교육시키고 사회에 적응토록 하는 데 중점을 두기보다는 장기간, 혹은 영원히 사회로부터 격리시켜 버리는 쪽의 정책을 택했다는 분석이 나온다. 월남 패망 며칠 뒤인 1975년 5월 초 사이공 정부에서 일했던 정치인과 공무원 등을 대상으로 자진신고 절차가 시행되자 100만 명 이상이 등록을 했다. 그렇지만 월남 정권의 군인만 100만 명이 넘었다는 점을 고려할 때 상당수는 이 명령에 따르지 않거나 도피 또는 잠적한 경우일 것으로 추정된다.

당시 '사이공군관위원회' 명의로 발표된 등록명령은 "이제 조국은 완전한 독립과 자유 속에서 영원한 평화를 누리게 됐다. 그동안 어떤 이유에서든지 동지들의 투쟁에 관하여 크고 작은 죄를 지은 옛 괴뢰정권의 군인과 경찰·공무원 등은 스스로 진정한 베트남 인민으로 기억될 수 있는 천재일우의 기회가 왔다"는 내용이었다. 명령은 또 "조국과 평화를 사랑하는 정직한 시민이 되기 위해서는 대동단결과 민족화합의 기반 위에 서야 한다. 전통적 자비와 혁명적 인도주의, 호치민 윤리의 완전한 이해를 위해 스스로의 잘못을 씻고 하루빨리 스스로를 개혁하고 학습하도록 분투해야 한다. 누구든지 신속하게 신고하는 자는 혁명정부에 의해 그들의 죄가 면책될 것이며 공민권이 회복될 것이다"라고 했다. 1975년 6월 10일 재교육 계획이 발표됐고, 6월 15일 군관위원회는 "구정권에 부역하면서 하노이 당국에 반대한 행위는 공산 베트남에 의해 유일하고 합법적으로 인정받은 정치공동체 밖으로 내던져진 행위였기 때문에 이제 새로운 국가의 시민권을 얻으려면 그들의 사상과 정서의 개조가 이뤄지지 않으면 안된다"고 밝혔다.

남베트남공화국 임시혁명정부(PRG)가 발표한 재교육 대상이나 기간·내용에 대한 방침을 살펴보면, 과거의 직위에 따라 단기교육과 장기교육 대상자로 구분됐다. 교육대상자들은 자신의 출신성분이나 가족·사회적 배경에 대해 조사받고 자진해서 기술해야 하는 절차를 밟았다. 조부모에서 형제·자매에 이르기까지의 사상적 토대나 경력, 직업은 물론 1945년부터 1975년에 이르는 기간의 행적에 대해 낱낱이 기록해야 했다. 또 동료 피교육생들

앞에서 이를 낭독하고 비판받는 과정을 되풀이했다고 한다. 비판을 받은 사람의 경우 자신이 지적받은 과오나 죄상을 기억해야하고, 이를 빠짐없이 기록하는 일을 반복해야 했다. 한 베트남 망명객은 "인간 개조 교육장은 그 자체가 감옥"이었다고 진술했다.

사이공 정부에 관여했다고 해도 장교가 아닌 일반 사병이나하위직 공무원, 그리고 당장 사회가 필요로 하는 교사와 의사들은 대부분 사흘간의 교육만 받고 귀가조치 됐다. 1976년 6월까지재교육 대상자로 등록한 사람의 95%는 이런 절차에 따른 재교육을 마치고 가정으로 돌아가거나 사회에 복귀한 것으로 파악됐다.

사상개조를 위한 장기 재교육과 인권 박탈

문제는 나머지 5%였다. 고위공무원이나 군 장교, 경찰 등 공안기구의 간부들로 최소 5만 명에 이르는 규모였다. 반통일과 반공산주의 핵심세력으로 분류된 이들에게는 적어도 3년간의 재교육이 부과됐다. 특히 인민에게 죄를 지은 인물로 지목당했거나저항군의 대열에서 '조국을 배반한 자'로 분류된 경우, 남베트남정권에 투항했던 자 등에 대해서는 재교육은 물론 재판까지 받게할 것이란 점이 강조됐다. 재교육을 받기 위한 신고절차를 어긴경우도 이 범주에 포함됐다.[119]

---

[119] 박종철, "베트남 통일 후 사회통합", 『영남대학교 통일문제연구』 제16집 (1994), pp. 81~99.

당초 3~5년 정도로 알려졌던 장기교육 기간은 지켜지지 않는 경우가 많았다. 비공식 조사에 의하면, 1981년 장기교육 대상자의 숫자가 30만 명에 이른다는 추정치가 나오기도 했다. 1977년 1월 관영 하노이 라디오는 "괴뢰정부(월남 정권) 인원의 95%가 석방되어 시민권을 부여받았다"고 주장했다. 프랑스 주재 베트남 대사는 당시 파리에서 가진 기자회견에서 구금자는 5만 명 밖에 없으며 그들 역시 전쟁 중이나 전후에 다른 범죄를 저지른 경우라고 말했다. 1983년 응웬 코 탁 외교장관은 "피의 숙청은 없었고 한때 150여만 명이 재교육장에 있었지만 이제 10,000명 정도 밖에 남지 않았다"고 주장했다.

하지만 포로수용소에서 태국으로 탈출한 인사들의 증언은 달랐다. 이들을 인터뷰한 방콕 주재 미국 대사관의 1981년 12월 보고서에 따르면, 1980년과 1981년 사이 50여 곳 이상의 재교육 수용소에 갇혀 있는 인원은 126,000명 이상이었다. 사이공 함락 후 10년 동안 약 65,000명이 처형당했다는 관측도 제기됐다.

장기 재교육에 대한 국제사회의 인권유린 비판 목소리가 높아지자 베트남 정부는 1985년 "1만 명 정도가 재교육 중"이라며 인정하는 태도를 보였다. 이를 토대로 베트남 정부의 주장을 받아들인다 해도 통일 이후 적어도 10년 간에 걸쳐 '재교육'이란 명분으로 사실상 장기구금 상태의 강제교화 작업이 이뤄졌던 건 분명해 보인다.

재교육 과정은 먼저 사흘 동안의 사상개조 교육에서부터 시작
됐다. 이는 1975년 말 일시적이고 단기간에 걸쳐 시행됐다. 둘째
는 강제노동과 수용소 감금 형태의 무기한 격리교육인데, 3년 정
도로 당초 설정된 기간을 넘겨버린 경우라 할 수 있다. 셋째는 대
학교수나 교사 등 교육자를 위한 사상개조에 초점이 맞춰진 프로
그램이다. 이 같은 재교육 과정의 내용은 주로 사회주의에 대한
이론과 이념, 베트남 공산당의 역사와 찬양·선전, 남베트남 정권
의 타락상과 미제국주의에 대한 비판 등으로 짜여졌다. 이들에게
는 과거에 대한 반성과 함께 수시로 자아비판을 하도록 함으로써
육체적 노동과 정신적 고통을 가하는 혹독한 시간이 이어졌다.

문제는 이러한 재교육 프로그램이 아무런 법적·제도적 근거
없이 사실상 구금상태나 마찬가지로 자행됐다는 점이다. 별다른
죄가 없는데도 단지 자신이 몸담았던 체제가 패망했다는 이유만
으로 가정과 사회로부터 완전히 격리당한 채 장기간, 혹은 영구
히 인간으로서의 모든 권리를 박탈당했다는 것은 베트남 통일과
정에서 가장 큰 오점 중의 하나로 지적된다.

4. 인권유린의 현장이 된 재교육 수용소

'인간개조 학습소'라는 수용소

사이공 정권에서 일했던 고위 간부와 유력 인사들에 대한 재

교육은 주기적으로 장소를 이동하면서 이뤄졌다. 미군이 이들의 탈출을 돕는 작전을 펼치거나 교육장의 열악한 상황이 외부에 노출될 것을 우려한 베트남 당국의 조치였다.

수 개 월에서 수 년, 경우에 따라서는 10년 넘게 거처를 옮겨가며 사상 주입과 세뇌교육을 받은 관계로 수용된 사람들은 가족이나 친지·동료와의 연락이 두절되거나 사실상 실종상태의 인물이 되었다. 중범죄자나 집중교화 대상으로 분류된 경우는 살던 지역과 멀리 떨어진 북베트남의 닌빈과 빈푸·타인호아 등지의 수용시설에 수감되어 교육을 받았다.

월남 패망 당시 주월 한국대사관에 근무하던 이대용 전 경제담당 공사는 "사이공 함락 후 월남의 군인·경찰은 무장 해제되고 수용소에 보내졌다"며 "월남의 공무원과 지도층 인사, 언론인, 정치인들도 모두 체포돼 '인간개조 학습소'에 수감됐다"고 증언하고 있다. 북베트남 당국에 의해 체포돼 5년간의 억류생활 끝에 귀국할 수 있었던 이 전 공사는 "이들 중 대부분은 살아 돌아오지 못했다. 공산정권은 수많은 공무원들을 잡아넣는 형무소가 모자라자 과거 월남군 부대시설을 형무소로 개조해 그곳에 공무원과 지도층 인사를 수용하기도 했다"고 전했다.

이들이 머문 수용소의 규율은 엄격하기 그지없었다. 고문과 구타·체벌 등이 교육의 일부인 것처럼 자행됐고, 아무도 이를 말리거나 감독하지 않았다. 인권의 사각지대로 방치된 것이다. 이

곳의 교육 담당자나 관리인들은 수용자들에 대해 "사이공 괴뢰정권의 수혜자"라는 증오심에 사로잡혀 있었고, "고통 속에 처넣어 교화시켜야 할 대상"이란 보복심리가 넘쳐났다. 수용자들 대부분은 강제노동에 시달려야 했고, 장기간의 수감생활에 충분한 영양을 공급받지 못한 채 질병에 시달려야 했다. 마땅한 치료도 받지 못해 사망하는 경우도 적지 않았지만 북부 베트남 당국은 이에 대한 어떠한 통계도 공개하지 않았다. 수용소는 자급자족 원칙에 따라 운영됐다. 식량 등을 생산하고 생활에 필요한 물건까지 자체로 만들거나 조달해야 하는 상황 속에서 장기 수용자들의 심신은 피폐해져 갔다.

정신적인 학대나 전향 강요 같은 조치도 이어졌다. 조사나 학습·신문 과정에서 진술에 거짓이 있거나 의심이 가는 경우에는 중범죄자로 간주됐고, 민족주의적 입장을 견지하고 미 제국주의에 대한 비판행위에 참여하는 자는 죄과가 완화되기도 했다. 수용자들은 2~3개월에 한 번씩 자술서를 강요받아야 했고, 직장 동료나 가족 등 자신의 주변 인물의 성향이나 행동에 대해 비판하는 내용을 담도록 하며 감시와 밀고·비방을 유도했다.

이들 수용소는 한 곳에 최대 5,000~6,000명을 수용하기도 했으며, 대체로 2,000~4,000명 정도가 강제노역과 함께 교육을 받았다. 베트남 전역에 걸쳐 약 100여 개의 수용소 시설이 가동된 것으로 파악되고 있지만, 북부 베트남 당국은 몇 곳의 수용소가 운영됐는지, 또 정확하게 몇 명이 수용됐고 그 가운데 얼마가 사회로 복귀했고 어느 정도가 남아 있는지에 대해 함구했다.

1979년 베트남을 방문한 국제사면위원회(Amnesty International) 대표단에게 베트남 당국은 재교육을 위해 수감된 인원이 40,000 명에 불과하다는 입장을 밝힌 바 있다. 하지만 당시 정보에 대해 현실과 동떨어진 수치라는 지적이 끊이지 않았고, 재교육에 동원됐던 사이공 정부 출신의 한 군 장교는 1975년 말까지 약 35만 명이 수용됐다고 주장하기도 했다. 1987년 아시아인권위원회는 당시까지 약 7,000명에서 40,000명 정도가 수용소에 수감돼 있는 것으로 추정했고, 국제사면위원회는 약 60,000명, 미 국무부는 약 90,000명이 수감 중이라는 추산을 제시하기도 했다.

수용소에서 생활하던 인사들이 석방된 사례도 간혹 있었다. 베트남 건국 기념일인 1987년 9월 2일에 맞춰 모두 6,685명의 수감자들이 석방됐는데, 이 가운데는 재교육을 위해 수용소에 갇혔던 2,474명이 포함돼 있었다. 이듬해 음력 설날에도 4,000명이 수용소에서 석방됐다는 보도가 나왔다. 하지만 월남 패망 이후 재교육과 관련해 구체적이고 믿을 만한 통계자료가 제시되지 못했다는 점에서 베트남 당국에 대한 비판이 끊이지 않았다.

사회통합을 위한 재교육 프로그램의 실패

통일 이후, 베트남 당국은 전직 고위 관료와 군인, 교육·문화·

예술 분야 인사에 대한 재교육을 통해 남부 주민들의 가치관을 뜯어고치려고 했다. 사회주의형 인간을 만들어 체제불안 요인을 없애고 사회통합을 이루겠다는 구상이었다.

월남 패망 전 사이공의 불교 교육기관인 푸옹 남 대학의 총장이던 레 껌 응안 박사의 증언은 베트남 당국의 지향점을 잘 설명하고 있다. 1977년 공산 베트남을 탈출한 레 껌 응안 박사는 월남 정권 아래서 일한 인사들에 대한 베트남 공산당의 정책은 크게 두 가지였다고 주장한다.

"첫째는 개인적 사상의 청산과 당의 사상, 즉 마르크스-레닌주의 노선을 강요한다는 것이다. 이를 위해 베트남 공산당은 여러 조치를 취했다. 우선 인민에게 과다한 양의 일을 부여하고 수많은 집회에 참여하게 함으로써 개인적으로 생각할 시간을 주지 않았다. 모든 베트남 인민들은 새벽 5시에 일어나 아침운동을 하고 거리 청소를 해야 했다. 그 후에 작업에 나가고 저녁에 돌아온다. 그리고 급히 밥을 지어 챙겨먹고 저녁집회나 연수모임에 나가야 한다. 이들 집회는 밤 11시나 자정까지 계속되고 그것이 끝나야 집에 돌아와 잠들 수 있다.

두 번째 정책 목표는 인민을 공포에 사로잡히게 하는 것이다. 지역의 무장 보안군이나 중앙정치보위대는 누구라도 반혁명 활동을 했다는 혐의가 있으면 언제라도 체포할 수 있다. 집회나 작업 과정에서 당 정책과 모순되는 발언을 하거나 공산주의 지도자를 경멸하는 언동을 하는 등의 행위는 모두 반혁명적인 것으로 간주될 수 있다. 반혁명이란 의심을 받으면 한밤중에 아무도 모르게 끌려가게 된다. 이러한 테러정책은 모든 인민에게 적용돼 인민들은 결과적으로 마르크스-레닌주의 사상의 패턴을 엄격히 따르는 행동을 해야 한다."

하지만 베트남 당국의 재교육 프로그램은 결과적으로 실패했다고 볼 수 있다. 치밀하게 준비된 사회 재적응 프로그램이라기보다는 몰락한 체제의 지도층에게 응징을 가하고 이들을 잠재적 반체제 세력으로 간주해 사회로부터 격리시키는 데 치중했다는 점에서다. 장기간의 교육과정을 마치고 풀려나 사회로 복귀했다 하더라도 공적인 영역에서 차별을 받는 것은 물론이고, 주변으로부터 기피인물로 낙인찍히는 경우가 대부분이었다. 교육과정을 마치고 사회주의체제의 구성원으로 새 출발하기보다는 이방인으로 방치되는 경우가 많았다. 대부분 끔찍했던 수용소의 인권유린과 강제 세뇌에 대한 공포감으로 정상적인 생활이 어려운 것도 문제였다. 직접 피해를 당한 재교육 대상자들은 물론 그 가족과 친지들은 공산당과 당국에 대한 깊은 반감을 갖게 되었고, 이는 체제불만 세력을 암암리에 형성하는 결과를 초래했다.

5. 울타리 없는 포로수용소, 신경제구역(NEZ)

집단적 격리를 위한 신경제구역 설치

통일베트남 정부는 새로운 이념체계를 자유월남의 응웬 반 티에우(Nguyen Van Thieu) 정권에 복무했거나 도왔던 공무원과 군인·지식인 계층에게 주입하기 위해 애썼다. 의식 자체를 공산주의형 인간으로 바꿔놓기 위해 여러 가지 교육과 격리장치를 만들어 가동했다.

10여만 명의 월남군(ARVN) 출신 장교와 사이공 관리들을 재교육장으로 보낸 데 이어 100여 곳의 신경제구역(New Economic Zone)을 만들었다. 집단이주를 통해 이들에 대한 통제력을 확보하려는 의도였다. 여기에는 재교육장 행렬에서 벗어날 수 있었던 70여만 명의 군과 하급관리, 그리고 사이공 지역의 도시 거주민들이 강제정착 형태로 우선 투입됐다.

베트남 정부가 세운 제2차 경제개발 5개년 계획(1976~1980)에 따르면, 이주계획은 150만 명을 대상으로 마련되었다. 이와 별도로 150만 명의 고원지대 소수민족도 정착계획에 포함됐다. 이주를 거부하는 사람들에게는 집과 생필품의 배급카드 회수와 함께 자녀들의 취학기회 박탈 등의 압박이 이뤄졌다. 베트남 정부의 공식발표를 보면 1975~1980년 기간 동안 약 130만 명이 신경제구역으로 이주했고, 1981~1985년 사이 100만 명 정도가 옮겨간 것으로 나타난다.

신경제구역의 인권 유린

신경제구역은 구 체제에 부역한 것으로 파악된 사람들 중에서 사회주의 정권에 직접적이고 즉각적인 위협이 되지 않는다고 판단되는 사람들을 통제하기 위한 시설이었다. 처음에는 신경제구역에 군 장교와 정부관리 출신, 자산가나 사업가 계층이 이주됐으나 시간이 흐르면서 실업자·무직자들까지 포함됐다. 또 인구의 재배치를 통해 도시에 거주하는 사람들을 지방으로 이주시켜 식량을 생산하는 데 기여토록 한다는 명분을 내걸었지만, 실제로는 집단적인 격리를 위한 시스템이었다. 사실상 '울타리 없는 포로수용소'였던 것이다.

신경제구역은 이름과 달리 매우 열악하고 기본적인 인권을 보장받기 힘들었다. 레민하이 지방에서는 도시에 살던 일반 주민들이 바닷물에 잠긴 땅에 보내지는 일도 벌어졌다. 여기에서는 이 주민들이 개펄을 파서 조개를 잡아먹고 연명해야 하는 비참한 상황이 이어졌다. 또 송베 지방에서는 아무런 시설이 없는 원시 황무지 상태인 곳에 주민들을 수용함으로써 적지 않은 사람들이 질병으로 사망하는 경우가 발생했다. 포로수용소에서 석방된 월남 군인들도 이곳으로 보내졌는데, 열악하기 그지없는 여건 때문에 신경제지대로의 배치는 곧 사형선고와 다름없다는 말이 나오기 까지 했다.

이 때문에 신경제구역을 벗어나 도시 지역으로 재이주하는 사례가 늘어났고, 한 통계에 따르면 약 50%의 사람들이 도시로 이동했다. 이 같은 사례에서 볼 수 있듯이, 베트남 당국의 인구 재배치 정책은 사실상 실패했고 적지 않은 후유증을 남겼다.

신경제지역이란 아이디어로 친 월남정권 성향의 인사나 주민을 격리시키고 반대세력을 축출하는 효과를 거두었을지는 모르지만, 장기적으로 통일베트남이란 새로운 공동체를 만들기 위한 화합이나 통합이란 측면에서는 문제가 많았다. 신경제지역은 새로운 삶의 터전이나 공동체로서의 역할을 하지 못했고 집단수용소와 같은 곳으로 인식되면서 반발을 샀다. 통일베트남 정부의 또 하나의 패착이었다.

6. 또 등 돌릴까 … 반정부 인사 먼저 숙청

자유월남에 저항한 지식인 · 종교인들을 우선적으로 체포

북베트남 당국이 가장 신경 쓴 것 중 하나가 바로 남베트남 반정부 인사들을 어떻게 처리할 것인가 하는 문제였다. 지식인과 종교인, 학생, 민주인사 등이 주축이 된 이들 반정부 세력은 북베

트남의 입장에서 보면 통일을 위한 전선에서 우군역할을 한 게 사실이었다. 또 반체제 인사 중 상당수는 북베트남과 교감하거나 심지어 지령에 따라 행동한 경우도 있었다.

하지만 북베트남 입장에서 종교단체나 지도자를 하나의 기준으로 다루기 어렵다는 점에서 고민도 적지 않았다. 불교는 통일 이전 월남 독재정권에 항거한 주요 세력이었다. 또 가톨릭 교회는 사회주의 체제에 부정적인 태도를 갖고 있었다.[120] 무엇보다 "자본주의 체제에서 극렬한 반정부 활동을 전개하던 이들이 통일 이후 사회주의 체제에 대해서도 똑같이 행동할 수 있다"는 우려가 통일베트남 정부 입장에서는 컸다. 결국 남베트남에서 반정부 및 반체제 활동을 벌인 교수와 지식인, 종교인·학생·민주인사 등은 거의 대부분 체포돼 수감됐다. 그리고 이들 중 적지 않은 숫자가 사실상 사회와 영구히 격리되거나 형장의 이슬로 사라져야 했다.

쩐후탄 신부 등의 비극적 종말

월남체제에 대항해 반정부 활동의 지도자 역할을 했던 쩐후탄 신부가 대표적인 인물이다. 쩐후탄 신부는 월맹의 총공세가 한창 전개돼 월남의 주요 도시가 속속 함락되고 있던 1975년 3월 프랑

---

120) 이한우, 앞의 글 p.50.

스 신문과의 인터뷰에서 정세와는 다른 엉뚱한 선동을 펼쳤다. 그는 "중부 월남 고원지대에서는 응웬 반 티에우 정권의 반민주와 독재, 부정부패에 항거하는 군중봉기가 일어났다. 월맹군이 투입됐다는 것은 사실이 아니다. 월맹군은 그곳에 없다. 응웬 반 티에우 정권에 항거하는 월남 국민들의 민중봉기일 뿐"이라고 주장했다.[121] 월남 국민들에게 가장 큰 영향력이 있는 재야지도자 중 하나였던 쩐후탄 신부의 이런 발언은 응웬 반 티에우 대통령의 하야를 촉구하기 위한 의도가 깔려 있었다.

이처럼 월맹 세력이 월남 정권을 무너뜨리기 위한 군사적 공세를 계속하는 상황임에도 불구하고 사실과 다른 엉뚱한 반정부 주장들은 결국 나라를 패망시키는 결과가 초래되도록 하였다. 부패한 권력도 문제였지만 재야인사들 또한 국가의 안위나 월맹으로부터의 위협에서 국민과 국토를 지켜야 한다는 생각이 부족했다.

월남 패망 약 한 달 전 응웬 반 티에우 월남 대통령은 자신에게 반대하는 세력을 포함한 모든 반공세력들을 규합한 거국내각을 구성하자고 제의했다. 하지만 재야세력은 거국내각 구성을 위해서는 쩐 티엔 키엠 수상 등을 축출해야 한다고 주장하며 제안을 거부했다. 게다가 반(反) 응웬 반 티에우 세력은 쿠데타를 모의하고 있었다. 1975년 3월 27일 전 부통령인 응웬 까오 끼가 중심이 된 세력은 응웬 반 티에우를 축출하는 쿠데타를 계획했으나 일주

---

[121] 이대용, "현대의 우화 월남 패망", 『정경문화』(1985.6), p. 94.

일 뒤 발각, 체포됨으로써 실행되지는 못했다. 이런 상황에서 반 (反) 응웬 반 티에우 활동을 이끌던 호앙 낀 신부 등도 응웬 반 티에우 대통령의 하야를 주장했다. 월맹 공산군이 턱 밑까지 들이닥쳤는데도 반공투쟁 연대보다는 반정부 활동에 매달린 것이다. 이같은 재야세력의 집요하고 끈질긴 공격으로 마침내 응웬 반 티에우 정권은 동년 4월 21일에 사임하고 타이완으로 망명의 길을 떠났게 되었으며, 월남은 동년 4월 30일에 패망하였다.

자유월남의 패망, 그 결과는 매우 참혹했다. 응웬 반 티에우 정권의 핵심 관계자는 물론 월남이란 한 배에 타고 있던 반체제 인사들까지 모두 비극적 운명을 피할 수 없었다. 응웬 반 티에우와 응웬 까오 끼는 해외로 탈출해 망명에 성공했지만, 미처 벗어나지 못한 전 부수상 쩐 반 티엔은 월맹으로 끌려가 수감되었다가 옥사했다. 응웬 반 티에우에 대한 공격의 선봉에 섰던 호앙낀 신부도 마찬가지였다. 월맹의 공습에도 불구하고 프랑스 언론에 "월맹군이 투입됐다는 건 사실이 아니다"고 허위 주장을 했던 쩐 후탄 신부는 교도소에서 중병에 걸려 빈사상태에 빠졌다는 사실이 확인된 것을 끝으로 그 이후의 소식은 알려지지 않았다.

카톨릭에 대한 탄압

통일베트남 정부는 사이공 함락 직후 외국인 신부들을 국외로 추방하는 조치를 취했다. 또 52명의 군종 신부와 55명의 반공 신

부를 재교육장으로 보냈다. 이어 수 백 명 규모에 이르는 신부들
이 재교육장으로 보내져 반(反) 종교적 성향의 사회주의체제 교
육을 받았다. 1980~81년 사이에는 제수이트(Jesuit)교단 소속의
신부 9명이 구금되는 사태도 벌어졌다. 베트남 정부는 카톨릭 신
학교의 신부 임명과 사제 서품을 엄격히 제약하는 등의 조치로
카톨릭을 옥죄려 시도했다. 심지어 교황청의 권위에 대항하는 모
습까지 보였다. 1975년 로마교황청이 응오 딘 지엠의 조카인 응
웬 반 주안을 시아공의 대주교로 임명하자 베트남 당국은 이를
거부하고 응웬 반 주안을 구금하기까지 했다.

프랑스 식민지 시절 상층 지배계급을 중심으로 파급된 가톨릭
은 불교와 함께 베트남 국민들의 정신적 지주 역할을 했다. 카톨
릭 신자들은 대부분 남쪽으로 이주해 한때 월남정부의 중요한 반
공지지 세력이 되기도 했다. 1975년 당시 월남에는 약 3,000명의
신부와 6,000여 명의 수녀가 있었고, 신도 숫자는 1,900,000명에
이르렀다. 하지만 사이공 함락 이후에는 북베트남 정부의 탄압
정책으로 약 400명의 신부와 16,000명의 신자가 해외로 탈출하는
상황이 벌어졌다.

불교, 호아하오교 등 민족종교에 대한 탄압

베트남 인구의 95%를 차지하고 있는 것으로 알려진 불교의
사회적 영향력 배제에도 통일베트남 정부는 공을 들였다. 월남에

서 불교가 반정부·반전 활동의 핵심 축을 이뤘기 때문에 이들 세력에 대한 견제가 필요하다고 판단한 것이다. 1977년 베트남을 탈출한 반한대학 부총장 만기악 승려에 따르면, 통일베트남 정권은 종교공동체를 파괴하려는 정책을 채택하여 수 백 명의 승려를 체포하고, 사원들은 압수당해 정부 건물로 바뀌었다고 전했다. 또 석가탄신일이 공휴일에서 제외됐고 불상들도 파괴됐다. 불교 단체에서 발간하는 서적과 책자는 모두 금지됐고, 불교학교 등 교육시설도 폐쇄됐다. 체포당한 승려들은 군인으로 징집되거나 재교육장으로 끌려갔다.

베트남 당국은 친정부 불교 단체인 불교조직통일위원회를 결성해 중심적 역할을 하게 했고, 여기에 저항하거나 반정부 성향의 활동을 하는 승려는 구금하거나 숙청하는 분열정책을 취했다.

불교계의 저항도 이어졌다. 1975년 10월에는 칸토성의 승려 12명이 베트남전쟁 기간 중 평화를 주장하며 분신한 승려들을 추모하기 위한 제례를 지내려고 했다. 하지만 베트남 당국은 이를 금지했고 사원 앞에 불교기를 내걸거나 불교의식에 호치민 등을 거론하는 걸 막았다. 결국 12명의 승려들은 이러한 지시의 부당성을 주장하며 항의의 표시로 분신했다. 1977년 4월 초에는 불교계가 종교의 자유와 종단 재산의 환원 등을 주장하는 시위를 계획했다. 경찰의 감시 하에서도 승려들은 확성기로 일반인들의 지지를 요청하기 시작했다. 보안군의 긴급한 대응조치로 인해 진압을 당했고, 사원 폐쇄와 함께 승려들은 체포당했다. 1978년 3월에는 불만을 품은 불교신자들이 호치민 시가를 행진했는데 그 숫자가 3,000명이 이르렀다. 그러나 보안군에 의해 시위는 진압됐고 일부 세력은 지하로 들어가 반정부 활동을 벌였다.

신도 2,000,000명 규모의 민족종교인 호아하오교는 통일 이후 베트남 정부의 화해책동에 의해 무력화했다. 베트남 당국은 쿠롱이란 조직을 호아하오교에 침투시켜 반정부적인 성향의 성직자와 신자들을 색출했으며, 이들을 재교육장이나 수용소로 보냈다. 소속 군대 조직과 청년·부녀 조직은 해체됐고 심지어 교단의 묘역까지 파괴됐다. 1,000,000명의 신도가 있는 혼합종교인 까오다이는 성직자와 신도 가운데 1983년까지 39명이 처형되고 1,000명 이상이 재교육장에 보내졌다고 한다.

종교활동 전반에 대한 통제

통일베트남 당국의 이 같은 종교탄압과 종교지도자에 대한 구금·처형은 기본적으로 종교에 대한 반감과 우려를 반영한다. 특히 반체제 활동의 중심인 카톨릭과 불교에 대해서는 경계심을 드러냈다. 신부와 승려 등 종교 지도자에 대한 구속과 장기 재교육, 처형 등에 나선 것도 이런 이유에서다. 종교와 관련해서는 최소한의 실체만을 인정하면서 반정부 성향을 보일 때는 가차없이 탄압하는 이중적인 정책을 구사했다. 이를 통해 사회주의 이념에 대한 충성을 좀먹을 수 있는 종교적 영향력을 차단하려 한 것이다.

1977년 11월 각료회의를 통해서는 종교에 대한 통제를 강화할 수 있는 내용의 결의문 297호를 발표했다. 이에 따르면, 통상적인 미사나 예불 외에도 종교의식이나 강론, 법회나 종교지도자들 간의 만남이나 모임도 해당지역 당 인민위원회에 사전에 신고하여 승인을 받도록 했다. 또 종교지도자들에게 국가의 정책과 법을 준수할 의무가 있음을 분명히 하고 성직자의 임명이나 종교교육 기관의 교육자 선정, 교육 프로그램, 성직자의 타 지역 이동 등에 대해서는 도위원회의 승인을 거치도록 했다. 인민위원회는 필요할 경우 종교단체 소유의 재산이나 시설물을 이용할 수 있도록 했다. 이런 조치에 따라 종교의 자율성은 심하게 훼손됐고 국가는 종교단체의 물질적, 조직적 기반을 허물고 종교활동 전반을 통제할 수 있게 됐다.

하지만 이런 조치들은 표면적으로 종교와 성직자, 관련 단체들의 영향력을 감소시키는 데 성공했지만 월남 주민들의 마음 속에 자리 잡고 있던 종교에 대한 끈질긴 믿음과 생명력을 말살시키지는 못했다.

7. 운명을 건 탈출 '보트피플'

보트피플(Boat People)

공산화에 위기를 느낀 월남 정권의 고위인사들과 군 장교, 지식인 등은 물론 일반 국민들도 목숨을 건 탈출행렬에 나섰다. 공식적, 비공식적 방법을 동원한 탈출이 만연하자 "전봇대도 걸을 수만 있으면 탈출했을 것"이라는 우스개까지 나왔다. 국경을 통한 이탈도 있었지만 주로 소형 선박을 이용한 경우였다. 1980년 대 초까지 베트남을 탈출한 숫자는 약 1,060,000명 정도로 추산된다. 이 가운데 3분의 2 정도가 해상을 통해 탈출한 경우였고, 중국과의 국경을 이용한 경우는 250,000명 수준이었다. 바다에 빠져 죽거나 해적에게 살해당한 숫자가 110,000명이었다는 통계를 보면 월남 패망의 참극이 어떠했는지를 짐작할 수 있다.

보트피플은 태국을 비롯한 동남아 국가는 물론 미국과 호주·뉴질랜드까지 망망대해를 떠돌며 문을 두드렸다. 1976년 11월 호주의 다윈항에 도착한 50여 명의 월남 피난민들은 시체나 다름없이 야위고 지쳐 있었다는 게 당시 외신보도다. 수 개 월 간에 걸쳐 3,200km의 바다를 항해하며 자유를 찾아나선 길이었다. 이들의 경우는 정말로 운이 좋았던 편이다.

대부분의 난민들은 베트남 수역을 벗어나기도 전에 총격을 받아 수장됐다. 천신만고 끝에 한 국가의 수역에 도착한다고 해도 안심하긴 일렀다. 적지 않은 국가들이 입국 거부라는 조치를 취했는데, 이는 곧 사형선고나 마찬가지였다. 공산화된 베트남에 1백억엔이 넘는 원조를 해준 일본은 자국 선박들에게 공해상에서 월남 보트피플을 만나도 절대 구조해 주지 말라는 지침을 하달하기도 했다. 필리핀과 태국·인도네시아 등도 입항을 절대 거부하는 정책을 취했다.

그나마 한국은 월남패망 이후 3년간의 기간에만 1,700여 명을 받아들이는 등 인도적 조치를 취했다. 먹을 것과 잠자리를 제공해 주고 제3국으로의 이주도 알선하는 적극적인 수용정책을 펼쳤다. 부산수용소는 1993년 마지막으로 남아있던 난민들이 뉴질랜드로 떠나면서 폐쇄되었다.

이들 보트피플을 통해 공산 베트남의 참혹한 현실이 전해지기도 했다. 응웬 반 티에우(Nguyen Van Thieu) 정권에서 은행원으로 근무하다 해상탈출에 성공한 쩐반통 씨는 "어린이로 하여금 부모를 고발하게 하고, 겨우 연명할 정도의 식량 밖에 배급하지 않는 사회에서 더 이상 살 수 없어 자유를 찾아왔다"고 말했다. 공무원 출신의 한 청년도 "응웬 반 티에우 정권 아래서는 매월 15kg의 쌀을 배급받았는데 최근 3kg으로 살아가라는 지시가 떨어져 도저히 참을 수 없었다"고 밝혔다.

탈출 프로그램의 이중성

베트남 정부는 탈출자들을 비난했지만 당 간부들은 이를 통해 많은 돈을 챙길 수 있었다. 가족들과의 탈출을 안전하게 감행하기 위해 지역 당 간부 등과 결탁해 뇌물을 쓰는 방법이 만연했기 때문이다. 월남 출신들의 경우 대개 3~5냥의 금을 주면 출항할 수 있었다고 한다. 일부 지역에서는 그 비용이 배가 넘게 드는 경우도 있었고, 처분한 재산을 출항 과정에서 강탈당하는 일도 벌어졌다. 중국계 베트남인 화교들은 지방 간부에게 9~10냥의 금을 주고 공식적으로 출국할 수 있는 길이 있었는데, 일부 베트남인들은 이를 이용해 보트에 올랐다. 뇌물을 주고 중국계로 위장해 출국하는 방식이었다. 이 밖의 사람들은 12냥의 금을 주고 비공식적인 탈출을 할 수 있었는데, 이 중 8냥의 금은 지방 당위원회에 납부하는 식이었다. 탈출을 주선한 세력은 경찰이나 혁명가족, 또는 그들의 비호를 받는 중개인이었다.

1983년에는 공식적인 출국 프로그램이 운용되기도 했다. 아메라시안 혼혈인과 화교, 베트남인들을 대상으로 이산가족 재결합 차원에서 마련된 이 제도는 일부에서 신청서를 돈을 주고 사거나 가족관계 서류를 위조해 탈출하는 수단으로 쓰기도 했다.

또 베트남 당국은 장기간에 걸친 교육에도 불구하고 교화되지 않거나 통합에 부담이 되는 인사들을 방출하는 데 이 프로그램을 활용했다. 베트남측은 재교육을 위해 수용소에 갇혔다가 석방된 인사 94,000여 명과 그 가족을 포함해 500,000여만 명이 대상이라고 주장했다. 하지만 미국은 3년 이상 수감됐던 인사와 그 가족 14,500여 명을 받아들이겠다는 입장을 밝혔다. 미국은 1992년 봄까지 45,000여 명을 수용했고, 이후 다른 350,000명을 대상으로 하는 규정완화 조치를 취했다.

8. 흔적 지우기와 체제 동화

흔적 지우기를 위한 조치와 후유증

통일베트남의 한 학자는 2004년 기고문을 통해 "구 정권 밑에서 활동했던 대다수 행정직원과 기술자·의사·예술가·대학교수 등이 새로운 환경에서 다시 일할 수 있도록 받아들여졌다"고 주장했다. "승리자들의 문화 화합 요구는 사실에 입각해, 보수적이거나 고집스럽지 않았다"는 것이다.[122] 그는 여배우 탐튀항이 1972년과 1974년 중국 영화제에서 최우수 배우상을 두 번이나 수상했고, 이어 1982년 소련의 타슈켄트에서 개최된 국제영화제에서 아시아 최고미인 배우로 명성을 얻었다고 강조했다. 사이공의 저명 수학·지질학·의학 교수들의 이름을 열거하며 "오늘날까지 각 대학에서 성과 있는 연구활동을 계속하고 있다"고 밝히기도 했다.

통일 며칠 뒤인 1975년 5월 2일 독립궁에서 이뤄진 행사에서 쩐반짜 장군은 베트남 임시혁명정부를 대표해 "이 시간부터 우리에게는 승자도 패자도 없다. 다만 미국을 이긴 베트남 인민만이 있을 뿐"이라고 연설했다. 베트남 당국은 혁명 정부의 이런 대응노선이 월남 지역에 살던 국민들의 불신을 지워버렸다고 주장한다.

하지만 이 같은 주장이 설득력을 얻기에는 월남 패망 이후, 통

---

[122] 트란녹뎀, "1975년 국토통일 전과 후 베트남에서의 문화 화합 과정", 『통일 연구』 제8권2호(2004), pp. 41~72.

일베트남 당국에 의해 전개된 광범위한 숙청과 강제동원, 장기
구금 형태의 교육 등 문제가 너무 크다는 지적이다. 또한 통일 이
후 베트남 남부 지역에서 자행된 사이공 정권 흔적 지우기와 체
제동화를 위한 집요한 시도들은 주민들의 자유와 인권을 억압하
고 사회통합을 가로막는 요인이 됐다. 정복자로서 통일베트남 정
권이 저지른 상징적 몇몇 조치들은 월남 출신 주민들의 강력한
반발을 샀고 그 상처는 오랫동안 아물지 못하고 있다는 지적이
나오는 것도 이런 배경에서다.

대표적인 조치가 막딘지 묘역 사태다. 호치민시 인민위원회는
1978년에 통일 이전의 남베트남의 대통령과 장관, 고위 장성들이
묻혀있는 막딘지 묘역을 정비하여 그 위에 아동공원을 만드는 사
업을 추진했다. 주민들의 반발이 거셌지만 당국은 밀어부쳤다. 남
베트남 대통령을 지낸 응오 딘 지엠과 그의 두 형제 묘도 파헤쳐
졌고, 유해는 화장 처리되었다. 다른 도시에서도 이 같은 일은 연
쇄적으로 벌어졌다. 금과 옥 같은 보석 부장품을 탈취하기 위한
목적도 깔려 있었는데, 북베트남의 간부들은 반동분자들이 묘지
에 무기를 숨겨 놓았기 때문이란 소문을 퍼트리며 이익을 챙겼다.

체제동화와 통합

베트남 당국은 사이공 지역 주민을 공산주의 이념으로 동화시
키기 위해서는 대중매체를 장악해야 한다는 점을 강조했다. 민간

인에 의해 신문과 방송이 운영되는 걸 막고 모든 매스미디어를 국가의 통제 하에 둔다는 것이었다. 누구든 정부의 사전 허가 없이는 출판이나 보도 행위에 나설 수 없었고, 모든 보도와 출판·인쇄물은 당국의 검열을 받아야 배포가 가능했다. 문화·예술 활동의 통제를 위해 음반과 테이프, 악보 등에 대한 통제도 이뤄졌다. 모든 건 자본주의적 음악과 예술작품을 없애고 공산주의 이념에 충실한 문화를 생산·유통하기 위한 데 맞춰졌다. 1981년 5월에는 호치민시 당국이 사흘간에 걸쳐 대대적인 검열을 벌였는데, 2,500개 이상의 음반 및 카세트와 함께 4톤에 이르는 출판물이 압수당하기도 했다. 이런 강압적 정책은 역효과를 가져와 외국방송을 청취하는 경우가 늘고 해외로부터 불법적인 출판물을 반입해 구독하는 현상이 나타났다.

체제통합을 위한 방안의 하나로 베트남 당국은 대중동원을 강화했다. 모든 주민들은 대중조직에 참여해 활동해야 했으며, 그렇지 않은 사람들에게는 사회적 혜택을 주지 않거나 불이익을 가했다. 통일베트남에는 여성연맹과 공산청년동맹, 전국농민연맹, 노동자연합 등이 있는데 모두 통일 이듬해인 1976년 당대회를 전후로 조직을 정비했다. 모든 조직은 당의 통제를 받았고 대중조직을 통해 당이 결정한 사항과 노선을 주민들에게 전파하고 이를 실행하도록 독려하는 역할을 했다. 하지만 당의 지시만을 일방적으로 전파하는 시스템은 남부지역 주민들의 반발을 살 수 밖에 없었고, 대중조직이 당과 당국에 대한 의존성이 높아 자율성이 필요한 사회통합에 기여한 바는 크지 않았다는 평가다.

결장 월남 패망이 한반도 통일에 주는 시사점

이영종

1. '잊혀진 전쟁'에서 배워야 할 교훈

'강 건너 불'이 아닌 베트남전쟁

40여 년 전 베트남에서의 전쟁은 대한민국에게 '강 건너 불'일 수 없다. 한국군들도 공산화 세력으로부터 지구촌의 자유민주주의를 지킨다는 신념으로 베트남전쟁에 파병되어 전투에 참여했다. 8년간의 파병 전투 기간에 우리 한국군은 무려 57만여 차례의 크고 작은 작전을 치렀고, 3,844명의 전사자와 8,344명의 부상자를 남겼다.

그런데 우리에게 베트남전쟁은 잊혀진 역사가 된 지 오래다. 월남 패망의 교훈이나 보트피플 참상 등은 대한민국의 역사 교과서에서 지워졌고, 패망일을 계기로 등장하던 일회성 관심이나 주장조차도 완전히 사그라들었다. 젊은층이나 청소년들은 베트남 전쟁은 물론 한국군의 참전 사실이나 관련 사실을 아예 까맣게 모르는 경우가 대부분이다. 물론 사정이 이렇게 된 것은 베트남 파병 장병들이 고령화 된데다 한·베트남 수교 같은 관계진전 상황도 한 요인이라 할 수 있다.

그러나 이 같은 환경적 요소들을 고려한다고 해도 안타까운 대목이 적지 않다. 베트남전에 참전한 우리 군 장병들이 생사를 넘나드는 전투를 벌이는 과정에서 드러낸 일부 부정적 측면만 부각하거나 침소봉대하는 현상도 나타나고 있기 때문이다.

그러므로 월남과의 전쟁에서 승리한 통일베트남 정부가 자신들의 반미, 반제국주의 노선의 정당성을 주장하기 위해 선전하는 주민학살 주장에 편승해 참전 장병들의 명예를 훼손하거나, 대한민국의 국격을 뒤흔드는 행동 등은 자제되어야 할 것이다.

반면교사의 베트남전쟁

분단 70년이 넘도록 북한과 대치하고 있는 대한민국에게 월남 패망은 지나간 과거의 일이 아니다. 지구상 국가 중 유일하게 사실상의 분단상태에 놓인 현재진행형의 남북 간 단절을 통일로 만들어 가는 데 베트남의 사례는 반면교사로 삼아야 할 대상이다.

1975년 4월 말 월남이 무너지기 며칠 전에 캄보디아가 공산화됐고, 같은 해 12월에는 라오스까지 함락되면서 인도차이나 전역에 공산화라는 도미노 현상이 밀어닥쳤다. 한국군의 파병은 이 같은 상황에서 자유민주주의를 지켜내기 위한 노력의 일환이었고, 참전 장병들 또한 그런 자긍심으로 임했다. 굳건한 한·미 동맹을 상징하는 기능도 했다.

당시 월남은 전력이나 군사장비 면에서 월맹을 압도했다. 그럼에도 불구하고 패망의 길을 걸을 수밖에 없었던 것은 월남 지도층과 국민들이 자유민주주의를 지키겠다는 열의가 부족했고, 군대가 부패하고 전의를 잃은 상태였기 때문이었다. 이에 반해 미국에 의해 좌지우지되는 월남을 제국주의와 식민상태에서 벗어나게 하겠다는 월맹 측의 민족해방 논리와 기치는 베트남 통일의 원동력이 됐다.

이와 같은 베트남전쟁과 월남의 패망은 한 국가를 외부의 위협이나 공격으로부터 지켜내고 체제를 유지하려면 군사적 힘만으로는 부족하다는 점을 우리에게 가르쳐 준다. 즉, 월남 패망은 직접적이고 물리적인 힘을 동반한 침략 못지않게 간접적이고 은밀하게 내부로 침투해오는 적이 더 무섭다는 교훈을 우리에게 남겼다.

그러므로 우리는 베트남 통일과정에 대한 보다 면밀한 연구를 통해 남북 대치상황에서 북한의 대남 통일전선전술을 간파함은 물론, 효율적으로 대처하는 전략적 지혜를 배워야 할 것이다.

2. 북한의 통일전선전술

노동당 규약의 대남 적화노선

북한의 조선노동당 규약(2012년 4월 개정) 서문에는 "조선노동당의 당면 목적은 공화국 북반부에서 사회주의 강성국가를 건설하며 전국적 범위에서 민족해방민주주의혁명의 과업을 수행하는 데 있으며, 최종 목적은 온 사회를 김일성-김정일주의화하여 인민대중의 자주성을 완전히 실현하는 데 있다"고 명시하고 있다. 당 국가 체제인 북한이 당 규약에서 '전국적 범위에서의 민족해방'을 언급하고 있다는 것은 대남 적화노선을 여전히 포기하지 않고 있음을 노골적으로 드러낸다.

특히 북한 최고지도자 김정은은 아버지 김정일과 비교할 때 매우 호전적인 의식을 갖고 있으며, 이를 수시로 표출하는 행태를 보이고 있다. 집권 이후부터 줄곧 군부를 향해 대남타격 준비를 요구하며, 한국의 주요 지역을 목표로 한 훈련을 공개하고 있다. 또 '통일 성전(聖戰)'과 같은 개념을 자주 언급하고 있으며 '서울 핵 불바다'와 같은 발언을 통해 핵 도발이나 위협을 통한 대남 적화야욕을 불태우고 있다.

대남전략과 통일전선전술

물론 1990년대 옛 소련과 동구권의 붕괴에 이어 계획경제 체제의 모순으로 경제난을 비롯한 체제위기를 겪으면서 남북 간의 체제대결은 종결됐다는 평가도 있다. 북한이 이를 이행할 능력도 의지도 없다는 분석이다.

하지만 김대중·노무현 정부 10년간은 물론 이후 이명박·박근혜 정부를 거치면서 북한은 당국회담과 민간 차원의 교류·협력은 물론, 군사도발과 대치상태를 배합하는 화전(和戰) 양면전술을 구사하며 자신들의 대남전략 틀을 새롭고 정교하게 짜는 데 공을 들여왔다. 대북 유화정책을 표방한 김대중·노무현 정부는 남북관계의 진전 등을 우선시하는 과정에서 이런 북한의 대남접근에 대한 적절한 대응을 마련하지 못한 측면이 있다. 이명박·박근혜 정부의 깐깐한 대북정책 노선도 북핵과 미사일 도발 등의 요인으로 인해 적절한 대응책을 찾는 데 어려움을 겪었다.

최근 들어서 북한의 대남접근은 날로 과감해지고 정교해지는 분위기다. 특히 통일전선전술로 대표되는 노동당의 대남전략은 대남 선전·선동이나 공작원 침투, 해킹 등의 방법을 넘어 트위터·페이스북 등 새로운 형태의 인터넷 소통수단을 활용한 체제선전 시도 쪽으로 옮겨가는 양상이다.

본래 '통일전선전략전술'은 지하당 전술과 함께 공산주의자들이 사회주의 혁명을 하는 데 있어 기본적인 투쟁전술이다. 통일전선전술이란 힘이 부족하여 적을 1대1로 타도할 수 없을 때 다른 세력과 일시 제휴하여 적대세력을 하나하나 단계적으로 타도하는 공산주의 혁명전술을 지칭한다.[123]

레닌이 표방한 통일전전전술은 북한과 결합되어 거론될 때는 대남 적화혁명을 위한 연합·동맹전술로 이해되어 왔다. 이 같은 통일전선전술은 김정일이 김일성의 후계자로 본격적으로 부상하는 시점인 1980년 이후 북한의 대남전략전술을 대표하는 핵심개념으로 받아들여져 왔다. 노동당의 통일전선부는 북한 대남전략가들의 총본산으로 인식되고 있고, 실제 '통전'이란 표현은 북한의 대남접근과 관련한 여러 전략·전술을 아우르는 대명사가 되어 있다.

물론 북한의 통일전선전술이 어느 정도의 역량과 실천력을 가졌고, 한국 사회에 어느 정도의 위협으로 작용할 수 있는지에 대해서는 의견이 엇갈린다.

북한의 통전을 어떤 시각에서 바라보는지가 곧 북한에 대한 인식을 판단해 볼 수 있는 가늠자가 되기도 한다. 남주홍은 "이미 우리 사회가 송두율, 강정구 사건에서 보듯이 사상적 내전상태에

---

[123] 이도형 외, 『북한의 대남전략 해부』, 서울:남북문제연구소, 1996, p.26

빠져 있기 때문에 북한이 마음먹고 대남 선전선동 및 공작 심리전 대공세를 취하면서 핵카드를 유연하게 사용한다면, 우리 사회라고 '급변'하지 않는다는 보장은 없다"고 경고하고 있다.[124] 이종석은 "북한은 지금도 '남조선 혁명론'에 기초해서 대남정책을 구사하고 싶어하나, 내부 자원의 고갈과 사회주의권의 몰락이 초래한 경제위기와 외교적 고립으로 인해서, 체제유지와 발전이라는 생존 전략적 차원에서 대남정책을 추진할 수밖에 없게 되었다. 따라서 북한의 대남전략은 냉전기와는 달리 방어적인 성격을 띠며 추진되고 있다"고 주장한다.[125]

3. 김정은 정권의 대남공세와 우리의 대응

대남 적화공세의 저지와 한국정부 · 주한 미군 · 국민들의 반공의식

북한은 다양한 형태의 대남전략을 구사하고 있고 이로부터 야기된 직간접적 영향의 결과라고 간주될만한 여러 현상들이 우리 사회 곳곳에서 지금 나타나고 있다.

2000년 남북정상회담에서 북한은 '우리 민족끼리'라는 교두보

124) 남주홍, 『통일은 없다』, 서울:랜덤하우스중앙, 2006, p.205
125) 이종석, 『새로 쓴 현대 북한의 이해』, 서울:역사비평사, 2000, p.390

를 마련함으로써 이를 토대로 다양한 수법의 대남 전략을 구사할 수 있었다. 또 보수적 성향의 이명박·박근혜 정부에 대해서도 6.15 공동선언과 10.4 합의 이행을 요구함으로써 이전 정부에서 누릴 수 있었던 대남전략에서의 활동의 자율성을 지속적으로 이어가고자 하는 의도를 드러내기도 했다.

북한이 한반도를 적화통일하는 데 방해가 되는 '적'은 3개가 있다. 그것은 크게 주한미군과 한국 정부, 그리고 반공의식으로 무장한 대한민국 국민들이라고 할 수 있다.[126] 북한은 최근까지도 관영매체를 통해 주한미군 철수를 주장하며 이를 위한 투쟁을 남한의 친북성향 단체 등에게 선동하고 있다. 2000년 남북정상회담 때 김정일이 직접 통일 이후 주한미군의 한반도 주둔 용인 가능성을 내비치며 미군철수 주장도 북한 관영매체에서 사라지는 모습을 연출했지만, 결국 본성을 드러내고 있는 듯한 느낌이다. 물론 최근의 북한 핵 위협과 미사일 도발로 인한 대북 공조와 한·미 간 동맹관계에 비춰볼 때, 주한미군 철수를 가시권내에 들어오게 하기는 쉽지 않아 보인다. 하지만 월남 패망과 베트남 적화통일이 공산주의의 우월성에 의해 이뤄졌다기보다 월남 정부를 지지했던 미군이 철수함으로써 성사될 수 있었다는 점을 잘 간파하고 있는 북한으로서는 주한미군 철수 주장은 결코 거둬들일 수 없는 카드일 것이다.

---

126) 이도형 외, 앞의 책, p.26

우리의 대응

분명한 것은 북한은 대남 적화 전략을 포기하지 않고 있으며, 끊임없이 통일전전전술을 남한 사회에 투사함으로써 자신들의 통일구상을 현실화하려 애쓰고 있다는 점이다. 이런 상황에서 중요한 것은 북한의 대남전략의 실체를 제대로 파악하고 이에 대비한 효과적인 대응책을 마련하는 것이다. 우리 사회에는 북한의 대남역량을 미미하게 평가해 '남북 간의 체제경쟁은 끝났다'는 안이한 인식이 팽배해 있다. 남북 간의 소득격차와 교역규모 등의 지표가 이런 점을 나타내고 있는 것은 사실이다. 대북 인도적 지원 과정에서 공여국으로서의 우월적 지위를 누려오는 과정에서 국민들의 이런 인식을 심화시키고 신념화한 측면도 있다.

그러나 재래식 군사전력에서의 압도적이고 절대적인 우위가 모든 걸 해결해 주지는 않는다. 북한의 핵·미사일 같은 비대칭 전력과 고도로 잘 짜여진 대남전략이 결합된다면 하루아침에 대한민국에 위기가 닥칠 수 있다는 점을 베트남전쟁의 교훈은 잘 일깨워 준다. 이런 측면에서 북한의 통일전선전술이 우리 사회에 투사되거나 작용하는 것을 그대로 방치한다면 사태는 심각해질 수 있다. 무엇보다 체제결집이나 이념 분야에서 구멍이 뚫리는 재앙이 닥칠 수 있다. 북한의 대남 기본전략에 대한 올바른 이해와 날로 지능화하고 다양한 양상으로 전개되는 북한의 공세에 대처하기 위한 효율적인 대책을 이제라도 마련해야 한다. 국제적

상식을 벗어난 범주에 있는 북한 정권은 점점 더 다루기 어려운 존재로 부상하고 있다. 머나먼 이국 땅 베트남에서 40여년 전 벌어졌던 '잊혀진 전쟁'은 오늘 우리에게 결코 잊지 말아야 할 교훈을 일깨우고 있다.

필진 소개

배 정 호
제20대 민주평화통일자문회의 사무처장(정무직 차관급)

● 학력사항
  - 경북고 졸업, 연세대 졸업
  - 일본 동경대학 정치학 석사, 박사(Ph.D)

● 주요 경력
  - 통일연구원 국제관계연구센터 소장/ 통일정책연구센터 소장
  - 한국국제정치학회 부회장
  - 비영리 사단법인 GK전략연구원 이사장

● 주요저서
  「일본의 국가전략과 안보전략」 나남, 2006
  「연방제와 평화협정」 형설출판사, 2016(편저)
  「한반도 통일과 동아시아 평화·번영」 형설출판사, 2015(공저)
  「중국의 대외전략과 한국의 전략적 교훈」 통일연구원, 2013(공저)
  「북한 핵의 국제정치와 한국의 대북 핵전략」 통일연구원, 2011(공저)
  「북한체제 전환을 위한 전략적 과제와 한국의 동북아 4국 협력전략」
      통일연구원, 2009(공저) 외 다수

*서장, 제1장, 제4장의 1·2·3 집필 /
  제4장의 4·5와 제5장 공동집필

이 영 종

중앙일보 통일문화연구소 소장 / 통일전문기자

「후계자 김정은」(늘품플러스, 2010)

「김정일家의 여인들」(늘품플러스, 2013)

중앙일보「이영종의 평양오디세이」연재

*제6장과 결장 집필

최 용 호

전쟁과 평화연구소 소장

전 육군대학 교수

「베트남전쟁과 한국군」(국방부 군사편찬연구소, 2004)

「통계로 본 베트남전쟁과 한국군」(국방부 군사편찬연구소, 2007)

*제3장 집필

Trần Quang Minh

베트남사회과학원 동북아연구소 소장

*제4장의 4 · 5와 제5장의 1 공동집필

Dinh Quang Hai

베트남사회과학원 역사연구소 소장

*제5장의 1 · 2 · 3 · 4 · 5 · 6 공동집필

Pham Hong Thai

베트남사회과학원 동북아연구소 부소장

*제2장 집필 및 제5장의 7 공동집필